Victor Auburtin
Bescheiden steht am
Straßenrand . . .

Victor Auburtin

Bescheiden steht am Straßenrand …

Feuilletons und Geschichten

Eulenspiegel Verlag
Berlin

Ausgewählt und herausgegeben
von Heinz Knobloch

Illustrationen von Peter Laube

Von großen Männern

Eine Zeitung erzählt, wie der große griechische Staatsmann Venizelos sich seinen Tag einzuteilen pflegt. Man liest so etwas ja immer gern.

Der große Staatsmann braucht nur wenig Schlaf und steht schon um fünf Uhr morgens auf. Er nimmt ein Bad und verzehrt ein frugales Mahl. Dann beginnt er zu arbeiten und arbeitet durch bis zwölf. Um zwölf verzehrt er abermals ein frugales Mahl und arbeitet dann weiter bis in die Nacht. Er trinkt nie Wein, sondern immer nur Wasser, und er raucht niemals. Und so lebt nun dieser bedeutende Mann.

Wo habe ich schon einmal so etwas Ähnliches gelesen? Richtig: Karl der Große. Der schlief auch nur wenig, stand morgens um fünf Uhr auf, trank keinen Wein und rauchte niemals. Und mit George Washington war es ebenso und mit Friedrich dem Großen und Napoleon. Alle die großen Männer der Geschichte ähneln sich, sie stehen um fünf Uhr morgens auf, nehmen frugale Mahlzeiten ein und arbeiten den ganzen Tag.

Deshalb ist die Geschichte ja auch so großartig geworden ...

Mein Lieblingsheld dagegen ist der König Ludwig XV. von Frankreich.

Der schlief zusammen mit der Pompadour bis um elf Uhr vormittags. Dann ließ er sich zusammen mit der Pompadour die Schokolade ins Bett bringen. Er arbeitete nie, trank viel Champagner und ist der Erfinder des Rühreis auf Königsart – œufs brouillés à la royale –, das man heute noch in den besseren Pariser Restaurants bekommen kann.

Ich gebe das Rezept dieser Speise, das gerade jetzt interessieren wird, hier wieder: Nimm zwölf am selben Tag gelegte Eier und rühre mit ganz frischer Butter an. Vermenge hinein Steinpilze, Hahnenkämme und feingeschnittene Karpfenmilch. Serviere sehr heiß.

Ludwig XV. wird nicht unter die großen Männer der Geschichte gerechnet. Aber es soll ein Vergnügen gewesen sein, unter seiner Regierung gelebt zu haben.

Der lederne Steiß

»Xenia«, sagte der Maler zu seiner Geliebten, »laß mich diesen Nachmittag mit mir selber. Ich habe eine Idee.«

Als der Maler allein war, nahm er seine sämtlichen Farbentuben vor und eine große leere Konservenbüchse, auf deren Etikett gedruckt stand: »Ochsenmaulsalat in Essig. Konservenfabrik von Sinzheimer in Solothurn. Qualität IIa, Patent 39614 und 39837.« In diese Büchse quetschte der Maler alle seine Tuben aus, eine nach der anderen, und rührte den Brei mit einem Holze um.

Dann warf er den Dreck aus dem Aschbecher hinein und rührte den ebenfalls um.

Breitete eine starke Leinewand über den Fußboden aus und schüttete den Farbenbrei aus der Konservenbüchse auf diese Leinewand. Zog sich seine Lederhosen an, die er auf dem letzten Pfingstausflug nach dem Semmering getragen hatte. Setzte sich mit dem ledernen Steiß mitten in den Farbenbrei und drehte sich langsam und vorsichtig dreimal um seine Körperachse. Dann stand er wieder auf, tat den Kneifer auf die Nase und betrachtete aufmerksam das Werk, das er auf diese Weise vollendet hatte.

Ein spiraler Wirbel, der in allen Farben flammte, war unter der Drehung des Steißes entstanden, chaotisch auf den ersten Blick, aber doch von vollkommener Gesetzmäßigkeit. Es sah aus wie ein kosmischer Urnebel, aus dem eine neue Welt entstehen sollte, mit neuen Paradiesen und neuen Sündenfällen. Der Dreck aus dem Aschbecher hatte lange geschwungene Streifen gezogen, und waren finstere Meteorschwärme, die in das Weltenschicksal mit hineingerissen waren.

Der Maler war mit seinem Bilde zufrieden; er schnitt die Leinewand zurecht und spannte sie in einen schlichten Holzrahmen. Einen Augenblick überlegte er und drehte das Werk nach allen Seiten. Dann zeichnete er seinen Namen in die Ecke, die er als rechts unten bestimmt hatte.

»Groß«, sagte der Freund, »flammendes Gebären des Werdens; gezügeltes Loben; Rasen mit Maß; Hemmungen der Katarakte. Wie willst du das Bild nennen?«

»Der Traum Jehovahs«, antwortete der Maler.

Der große Kunstkritiker sprach zu sich: »Was schreibt man nun über solchen Mist? Das wird ja immer toller. Wenn man schimpft, ist man meistens in zwanzig Jahren blamiert; denn auch über Klimt und Böcklin hat man zuerst geschimpft, und nachher sind sie doch Professoren geworden. Das sicherste ist, man managt so etwas mit väterlicher Ironie, die ebensogut

Hohn wie Wohlwollen sein kann, so daß man nachher gedeckt ist, wie es auch abläuft. Auch fällt mir ein, daß ich schon lange nicht mehr das Wort Maestria gebraucht habe.« Und er schrieb: »Diese genialen Kinderchen glauben, das ganze Weltgebäude umstürzen zu können, und merken nicht, wie sehr sie von den Älteren abhängen. So ist dieser Traum Jehovahs unzweifelhaft von Turners Farbenoffenbarungen, von seinen Farbenstürmen in der Londoner National Gallery beeinflußt. Jedes Kindchen denkt, daß sein Hampelmann noch nicht da war, aber die Hampelmänner bleiben immer dieselben. Übrigens soll zugegeben werden, daß das Bild mit einer gewissen ... wie sage ich doch?, mit einer gewissen ... also in Gottesnamen heraus damit: mit einer gewissen Maestria hingelegt ist.«

Der Traum Jehovahs wurde von einem berühmten Pianisten für zwölftausend Mark gekauft und erregte das größte Aufsehen. Die kosmische Dichterin Paula Plempert schrieb darüber ein Gedicht, das in der Zeitschrift »Der Orkan« erschien und mit folgender Strophe anfing:

Ich seh die Hand, die diese Farben ordnete;
O könnt ich küssen,
In einer Jungfrau wilden Brünsten küssen
Das Meisterglied, das wühlend diese Schöpfung schuf.

Bücherbesprechungen

Die Damen haben bisher sehr hohe Absätze unter ihren Schuhen getragen; das ist allgemein bekannt. Und ebenso bekannt muß sein, daß dieser hohe Absatz den Moralphilosophen stets ein Dorn im Auge gewesen ist.

Die Moralphilosophen schrieben Artikel, in denen sie erklärten, der hohe Absatz sei wider die Natur und deshalb gesundheitsschädlich; auch verstoße er gegen die Gesetze der Schönheit.

Denn die Moralphilosophen nehmen es sehr genau mit den Gesetzen der Schönheit; sie selber tragen meistens Zelluloidkragen.

Nun ist der hohe Absatz etwas aus der Mode, und die Damen beginnen, auf niedrigen Schuhen herumzulaufen. Und kaum hat sich dieser Umschwung vollzogen, so kommt ein amerikanischer Gelehrter und erklärt, es sei schade um die hohen Absätze.

Dieser amerikanische Gelehrte hat ein Buch über die weiblichen Beine geschrieben. Darin entwickelt er folgende Theorie: Der hohe Absatz zwingt die Damen, auf den Fußspitzen zu laufen; diese Art der Fortbewegung aber entwickelt die Muskulatur und gibt gerade den edelsten Partien des weiblichen Körpers die erwünschte Form: nämlich der Wade, die vielen als das Beste erscheint, und dem weiblichen

Gesäß, das wiederum anderen Kennern am Herzen liegt.

Der Beweis für die Wahrheit dieser Theorie aber ist die Tatsache, daß die Städterin auf ihren Absatzschuhen schöner gewachsen ist als die Dorfmagd in ihren Pantinen ...

Ich habe das Buch des amerikanischen Gelehrten nicht selber gelesen, denn er hat es mir nicht eingesandt. Hätte er es mir eingesandt, so wäre es mir ein Vergnügen gewesen, eine Besprechung darüber zu schreiben. Aber das ist ja mein Unglück: solche Bücher werden mir nie zur Besprechung eingeschickt. Das Buch, das ich gerade jetzt besprechen muß, heißt: »Geschichte der evangelischen Kirche in der Dobrutscha.«

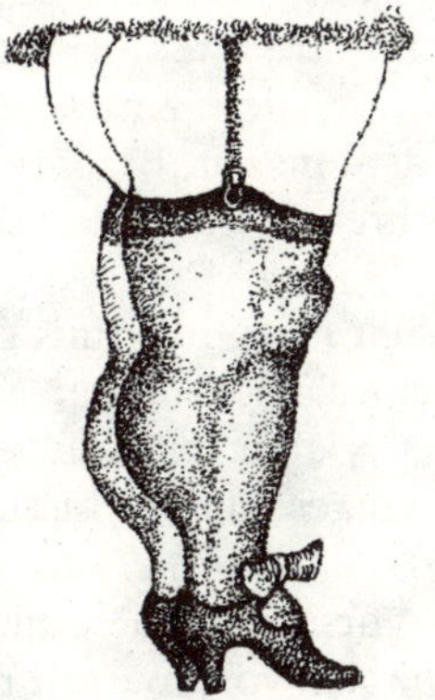

Die Kastanie

Ich ging im Park spazieren an dem hohen Gitter entlang, das den Garten von der Straße trennt. Am einsamen Herbstmorgen.

Die Kastanien waren reif, und vor mir auf dem Kieswege lag eine dieser blanken braunen Früchte, mit denen die Kinder so gern spielen. Ein kleines Mädchen aber stand draußen außerhalb des Parkes, drückte das Gesicht an die Stäbe des Gitters und sah sehnsüchtig nach der schönen Frucht hin. Die hätte sie gar zu gern gehabt, konnte aber nicht heran, weil auf tausend Schritte rechts und links im Gitter kein Tor war.

Und deshalb bat sie mich nun recht herzlich und freundlich und sagte: »Lieber Herr, geben Sie mir bitte doch diese Kastanie da her«; und ich hob die Kastanie auf, brachte sie dem Mädchen und reichte sie ihr durch die Eisenstäbe hin.

So standen wir am Gitter uns gegenüber und sahen uns freundlich lächelnd an. Und dabei muß es nun der Kleinen eingefallen sein, daß ich ja eigentlich eingeschlossen sei, weil eben im Gitter kein Tor war. Sie sah sich erst verschmitzt und vorsichtig nach allen Seiten um, dann beugte sie sich vor, spie mir mit aller Kraft ins Gesicht und lief hurtig von dannen.

Ich säuberte mein Gesicht, blickte dem kleinen Mädchen nach und sagte vor mich hin: »Schau, schau, die Kleine hat Einfälle, und sie hat Initiative. Sie wird es weit im Leben bringen. Sie wird vielleicht eine große Künstlerin oder eine berühmte Schriftstellerin werden und Zierde der Heimatkunst.«

Und ich setzte meinen Spaziergang fort und überlegte mir, wie ich meinerseits es doch eigentlich zu gar nichts Rechtem gebracht habe in diesem Leben.

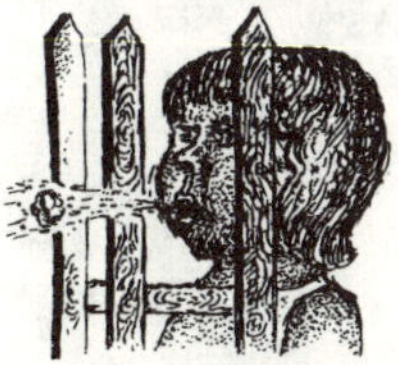

Nur eine Bitte
noch an meine Leserschar:
man lese von diesen kleinen Strophen
gütigst nicht zuviel
hintereinander,
das vertragen sie nicht.
Zwei oder drei
vor dem Schlafengehen,
wenn der Lärm des Tages
verstummt.

Victor Auburtin

Schulreform

Dieser Tage habe ich wieder einmal Herrmann und Dorothea vorgenommen, um es zu lesen.

Ich kam auf diesen Einfall nicht etwa aus einem inneren Bedürfnis heraus, weil ich Herrmann und Dorothea lesen mußte; sondern die Sache hing so zusammen: ich ziehe wieder einmal um, und da ist beim Einpacken der Band Herrmann und Dorothea als letzter liegen geblieben. So habe ich das alte Buch vorgenommen und bis zum vierten Gesang gelesen.

Weiter bin ich nicht gekommen, obgleich es ein kluges und sommersonniges Werk ist. Und zwar bin ich deshalb nicht weiter gekommen, weil ich während des Lesens immer an den Oberlehrer Petzel denken mußte, bei dem wir damals in der Sekunda Herrmann und Dorothea durchgearbeitet haben. Der Oberlehrer Petzel aber hatte die pädagogische Methode, daß er bei jedem Wort anhalten und es definieren ließ. Was Leinwand ist, und woher das Wort Klavier stammt, das mußte alles erörtert werden.

Außerdem habe ich einen deutschen Aufsatz über Herrmann und Dorothea schreiben müssen, dessen Titel war: »Herrmann, ein deutscher Jüngling mit seinen Tugenden und Fehlern.«

Deshalb kann ich dieses Buch nun nicht mehr lesen. Ebenso wie kein erwachsener Mensch ins

Theater geht, wenn die »Jungfrau von Orleans« gespielt wird.

Denn es ist ein Gesetz, daß alles, was wir in der Schule lesen und lernen, uns verekelt wird fürs ganze Leben.

Mein Reformvorschlag geht also dahin: man gebe der reiferen Jugend als Schullektüre die Werke der Dichterin Courths-Mahler. Man lasse die Schüler einen Aufsatz schreiben über das Thema: »Wie entwickelt Hedwig Courths-Mahler in ihrem Roman Die schöne Unbekannte die Seelenkämpfe des Helden Egon von Hohenzinken?«

Wie mit einem Zauberschlage würden die klassischen Studien in Deutschland wieder aufblühen. Jede Leihbibliothek ist gezwungen, sich fünfzig Exemplare von Klopstocks Messias zu halten.

Goethes Schattenseiten

Wer längere Zeit gelebt hat, der muß über die verschiedenen Krankheiten Goethes und über seine geschlechtlichen Verirrungen allmählich unterrichtet worden sein; es kommt immer wieder ein neues Buch darüber heraus.

So habe ich im Laufe der Jahre gelernt, daß Goethe Masochist war, daß er zeitweise homosexuell gewesen ist, und daß er an hereditärer Rachitis gelitten hat. Auch scheint so etwas wie moral insanity vorgelegen zu haben.

Solche Schriften werden von Ärzten geschrieben, deren Praxis nur wenig umfangreich ist. Diese Ärzte haben Sprechstunden, von zehn bis elf Uhr vormittags und drei bis vier Uhr nachmittags (mit Ausnahme der Sonn- und Feiertage). Da aber niemand zu ihnen kommt, so benutzen sie die Sprechstunde, um »Wilhelm Meisters Lehrjahre« durchzulesen und alle Stellen anzustreichen, die auf eine krankhafte Veranlagung hinweisen.

Jetzt hat der Anthropologe Dr. Knoche in München herausgefunden, daß Goethes Familie durch Alkoholismus degeneriert war, was sich an der Schädelbildung leicht erkennen lasse, bis jetzt aber sonderbarerweise noch nicht erkannt worden sei.

Bei Goethe selbst liegen ja die Symptome klar zutage, denn er trank wie ein Igel. Und was die

Degeneration betrifft, so läßt sie sich an seinem auffallenden Interesse für Kunst und Literatur erkennen, das schon nach Lombroso als ein sicheres Zeichen anormaler Grunddisposition aufzufassen ist.

Schade ist nur, daß diese Entdeckungen nicht zu Goethes Zeiten gemacht worden sind, sie hätten ihm gewiß Freude bereitet. Aber nun befindet er sich in der Fürstengruft zu Weimar und kann sich nicht mehr äußern.

Als ich das letzte Mal in der Fürstengruft war, lag auf dem Sarg Goethes ein Kranz aus reinem Gold. Dieser Kranz ist später gestohlen worden; er wird ersetzt werden, dann wieder gestohlen werden usw. So gibt ein wahrhaft großer Mann selbst nach seinem Tode den Leuten noch mannigfaltigen Anlaß zu Betätigung und Vergnügen.

Phöbus und die Mollusken

Im spätsommerlichen Park steht eine Marmorfigur vor der dunklen Wand der Buchen.

Sie stellt den Gott Apollon dar, auch Phöbus genannt. Dieser Phöbus ist schön und weiß, mit adlig bläulichem Geäder, und hält eine Leier in der Hand. Und blickt mit träumerischem und unbewegtem Blick immerfort hinauf in den blauen Himmel.

Wohl eine späte Kopie nach einem griechischen Werk der praxitelischen Schule.

Ja, aber was sind das eigentlich für schwarze Punkte auf der schimmernden Haut; so viele schwarze Punkte?

Das sind Schnecken, lieber Herr. Sie wissen doch, jetzt nach dem Regen.

Hunderte von Schnecken klebten an den Gliedern des Gottes; sie kriechen langsam dahin und lassen schleimig glänzende Spuren hinter sich. Schnecken auf der marmornen Leier. Schnekken in dem schwärmerischen Augenaufschlag.

Aber auf dem göttlichen Geschlechtsteil des Gottes sitzen ihrer zwanzig, die eifrig beschäftigt scheinen. Dort muß es besonders ergiebig sein.

Richtig. Sind nicht dieser Tage in Leipzig gleich drei Bücher erschienen, die das Verhältnis Goethes zu Frau v. Stein behandeln?

Es ist der literarischen Forschung nämlich immer noch nicht gelungen, klarzustellen, wie weit dieses Verhältnis gegangen ist. Ob es nur eine rein geistige, gewissermaßen literarische Beziehung war, oder ob sie miteinander geschlafen haben, was wesentlich wahrscheinlicher ist.

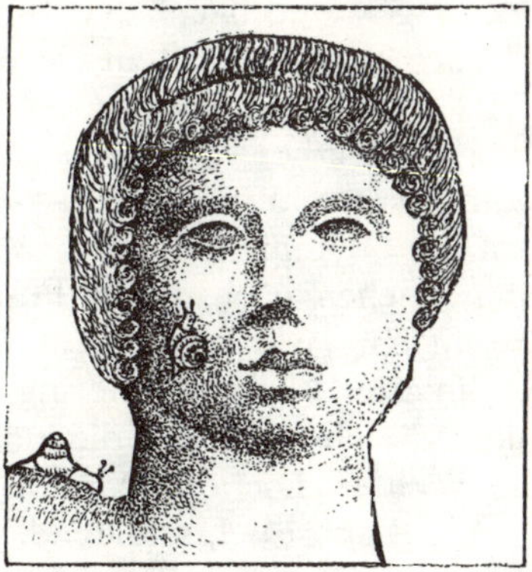

Sie kannte Goethe

In den ersten Jahren dieses Jahrhunderts erfuhren zwei Berliner Journalisten, daß in Weimar eine alte Frau namens Mackeldey lebte, die als junges Mädchen in Goethes Haus am Frauenplan beschäftigt gewesen war und den Dichter noch gekannt hatte. Sie fuhren unverzüglich nach Weimar und entwarfen unterwegs bereits die Schlagzeilen: Gespräch mit einer Freundin Goethes – Persönliche Erinnerungen, zum erstenmal mitgeteilt – Aus dem Privatleben des Olympiers usw.

Im Seifengäßchen nächst dem Frauenplan, wo die Greisin lebte, wurden sie in ein Häuschen gewiesen. Ein altes Weiblein empfing sie; aber sie war nicht die alte, sondern die junge Makkeldey, die Tochter. Die alte Dame saß in der Stube in einem Lehnsessel, schlafend.

Die Herren weckten sie schonend und gingen sogleich zum Angriff über: »Sie haben Goethe gekannt? Wie war er? Woran erinnern Sie sich? Haben Sie mit ihm gesprochen, für ihn gewaschen, gekocht, reingemacht, eingeholt? Wie war seine Schwiegertochter, wie waren ...?«

Erst überstürzten sich die Fragen, aber als keine Antwort kam, mäßigten die beiden Besucher das Berliner Tempo und konzentrierten ihre Forschung auf den Namen Goethe, doch die Alte schien überhaupt nichts zu verstehen.

Die Herren sprachen lauter und lauter – keine Antwort. Schließlich gaben sie erschöpft auf und gingen in den »Elefant« zum Mittagessen ...

Nach Tisch unternahmen beide noch einen Versuch. Die alte Mackeldey machte jetzt einen lebendigeren Eindruck. Mit frischer Hoffnung begannen die zwei Journalisten ihre Fragen zu wiederholen.

Sie sollten nicht enttäuscht werden, denn schon bald erwachte das verrunzelte Gesicht der Greisin zu einem freundlichen Lächeln, die zahnlosen Lippen öffneten sich. Gespannt lauschten die beiden Besucher dem Gebrabbel:

»Der Geede? – Ach ja, der Geede ...«

Lange Pause.

»Ja, ja, der war Sie tück'sch, der Geede ...«

Und das war alles. Mehr hatte sie nicht zu sagen.

Überflüssig, zu bemerken, daß einer der beiden unglücklichen Journalisten aus Berlin der Schreiber dieser Zeilen war.

Schiller und die Gymnasiasten

Wie eine Schweizer Zeitung erzählt, hat ein Professor bei den Berliner Gymnasiasten herumgeforscht, welches ihre Lieblingsschriftsteller sind und was sie in Mußestunden lesen. Folgendes ist das Ergebnis dieser Untersuchung: Die Berliner Gymnasiasten interessieren sich am meisten für Rudolf Herzog (leider nicht das Kaufhaus in der Breiten Straße, sondern der Barde am Rhein); auch Reuter, Freytag, Dahn stehen in Ehren. Goethe wird sehr wenig genannt; und der Name Schiller kommt in den Listen nicht einmal vor. Nicht ein einziges Mal.

Schiller wird von der deutschen Jugend nicht mehr gelesen.

Nun wird er aber von den Erwachsenen auch nicht gelesen, was man so lesen, ein Buch lesen nennt. Ich bitte den günstigen Leser, nachzudenken, wann er das letzte Mal in der Sofaecke gesessen und den »Spaziergang« von Anfang bis Ende durchgelesen hat. Und der günstige Leser wird, soferne er nicht aufschneidet, eingestehen, daß dieses noch nie stattgehabt hat oder daß es schon mehrere Jahrzehnte zurückliegt.

Das ist sehr beklagenswert, denn erwähntes Gedicht enthält die edelsten Hexameter der deutschen Sprache und hat eine Art von ewigem

Glanz. Aber unsere Klage ändert nichts an der Erkenntnis, daß Schiller von seinem Volke, ob jung oder alt, verlassen worden ist.

Ausgenommen sind natürlich die Fachleute. Also die Literaturhistoriker, die sich mit diesem Schriftsteller beschäftigen, weil sie die Absicht haben, über seine Beziehungen zu Iffland eine Arbeit anzufertigen. Oder die Theaterdirektoren, die stirnrunzelnd die »Jungfrau« durchfliegen und ausrechnen, wieviel Geld durch eine kubistische Vermöbelung dieses romantischen Trauerspieles herausgeschlagen werden könnte.

Das jedoch ist kein Leben, kein Weiterleben, und wenn wir eine Literaturgeschichte hätten, die dem Urteil der Zeit entspräche, sie dürfte Schiller nicht ausführlicher behandeln als etwa Gleim oder Uz. Aber die Literaturgeschichte ist ebenso veralteter Humbug wie die große Geschichte und die Kunstgeschichte auch.

Als wir im Mai 1905 die hundertste Wiederkehr von Schillers Todestag mit Jubelfeiern begingen, wurde an alle großen Männer der Welt die Frage gestellt, was sie über den Autor dächten. Unter den Antworten ist mir die Bernard Shaws im Gedächtnis geblieben, weil sie so kurz war und weil sie anders klang als die anderen. Bernard Shaw hatte geantwortet: Ihr Deutsche seid und bleibt Kinder.

Ach, wir sind nicht einmal Kinder; denn die wollen von Schiller erst recht nichts wissen.

Mein Vater, bettlergleich geführt

Haben Sie schon einmal im Sommer in der Nähe eines Schauspielers gewohnt, der seine Rollen probt? Nein? Dann freuen Sie sich nur und hören zu, wie es mir gegangen ist, damals in meiner Chambre-garnie*-Zeit.

Das war im Sommer, so um die Zeit, wenn die Schauspieler ihre Ferien haben. Als man bei dem warmen Wetter wieder die Fenster offenstehen ließ, bemerkte ich gleich, daß in das Haus gegenüber, jenseits des Gartens, ein Schauspieler eingezogen war, der nun da seine Rolle zu üben begann.

Ich konnte dieses Haus nicht genau sehen, weil eben jener große Garten dazwischen lag mit vielen Birken und Ahornbäumen, an denen sich Starenkästen befanden. Aber wenn des Sommers die Fenster offenstanden, konnte man jeden Laut hören, der aus dem Hause drüben kam. Den Kanarienvogel bei Rat Fabricius, das Klavier der kleinen Melanie, und wenn der alte Herr von Giesebrecht sich die Nase schnaubt. Alles das hört man und kennt es schon. Und da geschah es nun in jenem Sommer, daß plötzlich sich von drüben ein mächtiges rhythmisches Schreien und Toben vernehmen ließ, das jeden ganzen Tag dauerte von früh bis abends. Das war der neu eingezogene Schauspieler, der jetzt

* möbliertes Zimmer

wohl Ferien hatte und in aller Ruhe eine große Rolle für die kommende Saison einzuüben gedachte.

Gesehn habe ich ihn nie. Er fing des Morgens so um neun mit seinem Proben an und schrie zunächst einmal in einem Satze bis halb zwei durch. Währenddessen lagen alle die Häuser, die nach dem Garten zu gingen, in lautlosem Entsetzen da unter der Zuchtrute Goethes. Um halb zwei verstummte er für eine Stunde, weil er offenbar in irgendein benachbartes Restaurant zum Mittagessen gegangen war. Dann atmete man ein wenig auf und benutzte die kurze Pause, um Aspirin einzunehmen oder sonst so ein nervenstärkendes und beruhigendes Mittel. Denn schon nach einer Stunde war er wieder da, mit erneuten Kräften. Erst räusperte er sich ein wenig, um sich in Schwung zu bringen ... ein Räuspern, das klang wie die Trompete des letzten Gerichts. Und dann schrie er wieder los mit seiner Rolle und nun in einem Zug bis in die Nacht.

Ich hatte bald heraus, daß er eigentlich immer nur eine Rolle übte. Und zwar verstand ich aus dieser Rolle immer nur einen Satz oder auch Vers, der folgendermaßen lautete:

> Mein Vater, bettlergleich geführt,
> Welt, Welt, o Welt!

Dieser Satz kam alle dreiviertel Stunden wieder. Was dazwischen lag, also die übrige Rolle, das war nur ein großes Gegurgle und Geschnaufe, aus dem kein Mensch klug werden konnte. Und wenn er dreiviertel Stunden gegurgelt hatte, dann kam es wieder, klar und schmetternd über den Garten und die Birken und alle Starkästen hinweg:

Mein Vater, bettlergleich geführt,
Welt, Welt, o Welt!

Offenbar war ihm der Vers immer noch nicht schön genug, denn er suchte ihm auf alle mögliche Weise beizukommen. Einmal schrie er die ganze Bescherung wie in einem Pistolenschuß heraus, als sei es nur eine Silbe. Meaeeioohwelt! Dann teilte er sich die Sache mehr ein, betonte die erste Welt oder die zweite oder die dritte; oder sprach jede einzelne Welt so langsam und feierlich aus, als hätte jede von ihnen fünf ls:

Mein Vater, bettlergleich geführt,
Welllllt, Welllllt, o Welllllt!

Diese Variationen und Auffassungen hörte ich mir von Mitte Juli bis gegen den beginnenden Herbst an. Dann machten sich bei mir die ersten Symptome der progressiven Paralyse bemerklich. Ich konnte nicht mehr zusammenhängend denken, verdrehte beim Sprechen die Augen und hatte des Nachts Alpdrücken. Um allem Weiteren vorzubeugen, zog ich aus meinem Zimmerchen aus und begab mich zunächst einmal in ein Sanatorium, wo mir durch energische

Diät, durch Weißbrot und Milch, der Schauspieler und der bettlergleiche Vater und überhaupt der ganze Schwindel auskuriert wurde. »Nur nicht mehr daran denken«, sagte der Arzt, »eingeweichtes Milchbrot essen und nicht mehr an ihn denken, sonst könnte ein Rückschlag kommen.«

So war alles schön und gut, und es wäre nichts weiter geschehen, wenn ich nicht einige Zeit später, am Anfang der Saison, ein Billett für das Schauspieltheater geschenkt bekommen hätte. Ein Freund von mir, der Beziehungen zu mehreren Garderobefrauen unterhält, schenkte sie mir, und ich ging hin in das Schauspieltheater, und es wurde der »König Lear« von Shakespeare gegeben. Der freundliche Leser weiß vielleicht, daß in diesem Stück mehrere geisteskranke Engländer vorkommen, die immerfort im Wald und auf der Heide herumtoben. Der eine dieser Engländer heißt Edgar und ist von seinem Vater verstoßen worden, was ihn veranlaßt, das ganze Stück hindurch ein gar seltsames Geschrei und Gegrunze zu äußern. Ich hörte diesem Geschrei mit Aufmerksamkeit zu und wunderte mich, daß es mir eigentlich ein bißchen bekannt und vertraut vorkam. Hier und da stieg eine leise Erinnerung in mir auf, wie an Birken und Starenkästen. Da begab es sich, daß auch Edgars Vater ins Unglück geriet, und nun begegneten sich Vater und Sohn in der Wildnis. Edgar stand hinten, und wie er seinen

Vater erblickte, hob er die Hände in die Höhe und machte den Mund ganz weit auf. Es ging mir in diesem Augenblick eiskalt durch, als fühlte ich es kommen. Dann rief Edgar laut und schmetternd wie damals:

Mein Vater, bettlergleich geführt,
Welt, Welt, o Welt!

Was nun passierte, weiß ich nicht mehr genau. Es liegt alles im Dunkeln. Aber als ich am Vormittag bei meinem Kaffee saß, las ich im Zeitungsblatt folgende Notiz: »Ein wilder Mann im König Lear. Mitten im vierten Akt fing ein Parkettbesucher plötzlich an zu toben und laute Hilferufe auszustoßen, worauf er mit markerschütternden Schreien über die Köpfe des Publikums hinwegkletterte und fluchtartig durch den Ausgang entkam. Wieder einmal ein Beweis, welch erschütternde Zaubermacht der Schwan von Avon auf empfängliche Gemüter auch heute immer noch auszuüben imstande ist.«

Christian mit dem Monokel

Er hieß Christian, und damit ist schon so gut wie alles gesagt. – Wenigstens ist damit gesagt, daß er aus Laucha in Sachsen stammte, Theologe werden wollte und ganz und gar nicht in diese flotte Welt gehörte, in der wir uns alle so wohl befinden.

Denn daß die Menschen meistens so aussehen, wie sie heißen, ist hoffentlich schon allen schärfer Beobachtenden aufgefallen. Fast jeder Max ist klein und frech; ein Ludwig wird immer ein Mann von edler Linie ein, und unmöglich wäre es, sich einen Friedrich ohne blaue Augen und große Treuherzigkeit und Biederkeit vorzustellen.

Christian also stammte aus Laucha, und sein Schicksal wäre ein leichteres gewesen, wenn er in dieser interessanten Stadt geblieben wäre und in den gesegneten Fluren des Regierungsbezirks Merseburg. Aber sein Vater strebte hoch hinaus mit dem Herrn Sohn, wollte ihm die allerbeste theologische Erziehung gönnen, und so kam der Unglücksjüngling nach Berlin, als er zwanzig Jahre alt war und ein großer Esel.

Es gefiel ihm in Berlin sehr gut, denn er hatte leidlich viel Geld und kam bald in muntere Gesellschaft. Theater, Konzert, Tanzvergnügen, das jagte sich nur so. Und nur quälte es ihn, daß ihm die feinen Allüren der großen Welt nicht gelingen wollten; so die gewisse, nachlässige Selbstverständlichkeit, die den Lebemann ziert.

Sagen wir es heraus, er fing an, sich lächerlich vorzukommen mit seiner provinziellen Garderobe, seinen unwahrscheinlichen Hosen und mit seinem linkischen Benehmen. Und eine brennende Sehnsucht überkam ihn, den stud. theol., nach jener glänzenden Welt, die da lärmend und klingend ihres reichen Weges zieht, in der man Lackstiefel trägt, ein Automobil besitzt und täglich zweimal das Hemd wechselt.

Und er fing leise und allmählich an, sich auf seine Art in Eleganz zu üben; und wurde dadurch erst recht lächerlich. Denn ein echter, unverfälchter Lauchaer flößt uns Lebemännern immerhin einigen Respekt ein oder sagen wir ein gewisses wissenschaftliches Interesse; wie wir ja auch etwa im Zoologischen Garten ein Nilpferd oder einen Ameisenbär mit Interesse betrachten und diese Gottesgeschöpfe in ihrer sonderbaren Eigenart gelten lassen. Während hingegen ein Lauchaer, der Lackstiefel trägt, uns vorkommt, wie wenn ein Eskimo Attaché bei der österreichischen Botschaft werden wollte.

Christian aber nahm sein Streben nach Eleganz sehr ernst, wie überhaupt alle Christiane alles sehr ernst zu nehmen pflegen. Er quälte sich ab mit der ganzen Gründlichkeit, die er von seinem Vater, dem Herrn Justizrat, geerbt hatte. Er hatte es sich nun einmal in den Kopf gesetzt, er wollte es. Und so ließ er sich täglich frisieren, kaufte sich eine Schnurrbartbinde für fünfunddreißig Pfennig, polierte sich die Nägel und ließ seine unseligen Lauchaer Hosen jede Woche aufbügeln. Ja, es kam so weit mit ihm, daß er Fürstenheims Rennberichte mit eben demselben Interesse las wie früher den Propheten Maleachi.

Sein Freund Karl Schumann, der die Welt besser kannte, weil er erstens Medizin studierte und zweitens aus einer Großstadt – Halle a. S. – stammte, konnte sich nicht beruhigen über die törichten, lebemännischen Bemühungen des stud. theol. Christian. »Siehst du denn nicht«, so redete der Welterfahrene, »daß du nach etwas dir ewig Unerreichbarem strebst. Du kannst nie ein feiner Kavalier werden, weil du bedauerlicherweise zu intelligent bist. Grundbedingung für ein wahrhaft elegantes Exterieur ist die ruhig und gleichmäßig dämliche Visage. Jeder herrschaftliche Kutscher kann aussehen wie ein Graf; aber wie willst du dieses Gesicht, dem man ein aufgeregtes Nachdenken über den theologischen Beweis Gottes ansieht, zu einem wirklichen Sport- und Turfgesicht machen?

Und dann: du arbeitest ja; liest, schreibst, willst etwas schaffen. Weißt du nicht, daß ein unerbittliches Gesetz der wahren Eleganz ist, daß man nicht arbeiten darf? Arbeit schmutzt und schändet. Wenn du arbeitest, mußt du

Röllchen tragen, welches der furchtbarste Fleck auf der Ehre ist und dich ausschließt aus aller anständigen Gesellschaft. Wenn du arbeitest, kannst du nicht sechs Stunden auf deine Toilette verwenden, Lawn-Tennis spielen und im Tattersall reiten. Wenn du arbeitest, sitzt du krumm und ruinierst dir deine Garderobe, und strahlend wird es dein Hosenboden den Völkern künden, daß du ein Prolet bist.«

Der Erfolg dieser Predigt war, daß Christian sich nur um so bockbeiniger auf die Eleganz versteifte. Ja, er ging in seiner kavaliermäßigen Kühnheit so weit, daß er ein Verhältnis mit einer Chordame begann, die am Belle-Alliance-Theater angestellt war, vierzig Mark Monatsgage bezog und sich ihre seidenen Unterröcke Unter den Linden zu kaufen pflegte, das Stück zu hundertfünfzig Mark. Außerdem hieß sie mit Vornamen Cora.

Christian fand es einfach elegant und notwendig für seine Fortschritte, ein solches Verhältnis zu haben. Aber es war doch auch wieder etwas mehr. Seine unter aller Narrheit immer treuherzige und gesunde Natur konnte mit der wichtigsten Begebenheit des Lebens nicht scherzen; er verliebte sich ernsthaft und ereiferte sich sehr. Cora aber sah in ihm nichts anderes als den bekannten, wohlhabenden Provinzonkel und erledigte ihn ganz geschäftsmäßig, wie sie vor ihm hundert andre erledigt hatte.

Übrigens war sie ganz die Sorte, die er zu seiner Erziehung und Entwicklung zum Lebemann brauchte. Zu Fuß ging sie überhaupt nicht, und mit der Straßenbahn fährt eine Dame nicht, sondern nur mit der Droschke, und wenn es sich auch nur um zwei Schritt Entfernung handelt. Sie hatte offenbar in ihrem Leben mehr Hummermayonnaise als Schwarzbrot gegessen, und mit Erstaunen erfuhr Christian, daß kein anständiger Mensch in ein Bierrestaurant geht, sondern daß eine wahrhaft distinguierte Dame nur in den feinen Weinrestaurants verkehrt, in denen ein Glas Kognak drei Mark kostet.

Er ahnte ganz richtig, daß sie ihn trotz aller Bemühungen doch nicht für ganz voll hielt, und schließlich kam er auf den nicht ganz unebenen

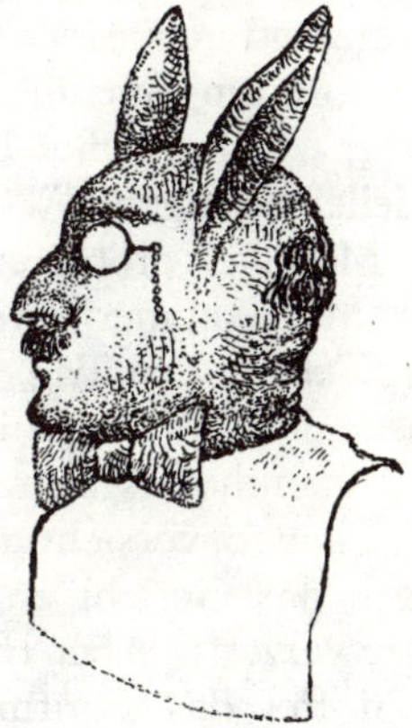

Einfall, er würde ihr vielleicht menschlich näher treten, wenn er ein Monokel trüge. So ein schönes, randloses Monokel, das die feinen und wahrhaft chevaleresken Herren mit beneidenswerter Sicherheit im Auge zu tragen pflegen.

Ein seelisches Band würde sie dann verknüpfen, meinte er, und so ging er entschlossen und heroisch an diese für einen Lauchaer gewiß großartige Unternehmung.

Aber ein Monokel anzuschaffen und sich anzugewöhnen, ist viel schwerer, als der in lebemännischen Dingen nicht Erfahrene zu meinen beliebt. Zunächst genierte sich Christian entsetzlich, in ein Brillengeschäft einzutreten und dort ein Monokel zu verlangen. Er glaubte – nicht mit Unrecht –, daß alle Welt ihm ansehen müsse, er sei aus Laucha, studiere Theologie und heiße Christian, habe also kein Anrecht auf so hohe und verwegene Aspirationen. Und dann lief ihm ein Schauder den Rücken herab, wenn er dachte, die Ladenmamsell könnte ihm vielleicht sagen: »Wollen der Herr einmal dieses Monokel probieren«, und seine beschämende Monokelunerfahrenheit käme dann vor aller Welt an den Tag.

Demnach übte er sich zuerst mit einem Fünfmarkstück. Er klemmte es sich zu Hause ins Auge und stellte sich so, vorsichtig balancierend, vor den Spiegel, das Gesicht zu einer furchtbaren Grimasse verzerrt. Aber trotz aller Vorsichtsmaßregeln fiel das Fünfmarkstück immerfort herunter und kollerte über den Boden; was sich so oft wiederholte, bis die unter ihm wohnenden Mieter zu der Ansicht kamen, der stud. theol. habe in der Lotterie gewonnen und wühle allabendlich im stillen Kämmerlein im Golde.

Dann machte er sich ein rundes Stück Pappe zurecht, das sich angenehm leicht festhalten ließ und das er stundenlang in seiner Wohnung herumtrug, beim Lesen, beim Toilettemachen und bei anderen, noch viel intimeren Funktionen. Bis er schließlich kühn wurde und sich ein wirkliches Monokel kaufte, das leibhaftige Monokel, mit dem nun der große Schlag geschlagen werden sollte.

Er wollte sie überraschen mit seiner Heldentat, und als sie einmal zusammen im Weinrestaurant saßen und gerade die Mockturtlesuppe aufgetragen war, klemmte er sich heimlich sein Monokel ein und sah sie an. Sie blickte auf und rief erfreut: »Aber Christian, das ist nett; so siehst du ja beinahe aus wie ein Mensch!«

Er strahlte; aber er strahlte leider zu sehr und vergaß den uralten Lehrsatz, daß ein Anfänger im Monokeltragen nie heiter und offen lächeln, sondern immer nur krampfhaft, grimmig grinsen darf.

Das Monokel glitschte aus seinem freundlich offenen Gesicht und fiel mit einem großen Klacks in die Mockturtlesuppe mitten hinein.

Es war furchtbar. Nicht nur, daß Coras neue hellblaue Seidenbluse von oben bis unten bespritzt wurde; nein: der Klacks hatte die Herumsitzenden aufmerksam gemacht, die Kellner eilten herbei, und als man den Tatbestand entdeckte und sah, wie der arme Christian ängstlich und rot vor Scham sich sein Monokel aus der Mockturtlesuppe fischte, da gab es allseitig eine große grausame Heiterkeit.

Diese Katastrophe gab der Liebe einen Stoß, und Christian merkte, daß er für die große Welt denn doch nicht geschaffen sei und niemals, niemals ein wahrhaft feiner Kavalier werden würde. Er beschloß ein herbes Entsagen, zog sich zurück und schrieb eine Abhandlung über die Homilien des heiligen Chrysostomus.

Cora aber ging ein Verhältnis mit einem Jockey ein, der einen eigelben Sommerpaletot trug und das Monokel den ganzen Tag im Auge hatte, als sei er damit geboren. Außerdem trug er Kragen, die ihm bis über die Ohren gingen, kannte den Stammbaum von sämtlichen Zuchthengsten in Trakehnen und Graditz auswendig und traktierte seine Liebste mit Ohrfeigen. War also ein Kavalier vom Scheitel bis zur Sohle.

Der Theaterkritiker

Im Restaurant von Bellmann abends um elf Uhr. Also zu der Zeit, wo es am schlimmsten zugeht. Um jeden Tisch sitzen zehn Mann und lärmen durcheinander, und die Kellner bringen immer neue Portionen herbei.

Gustav, der Oberkellner, setzt ein großes Tablett mit sechzehn vollen Tellern auf den Serviertisch nieder. »Hol es der Henker«, sagt er. Und dabei läuft ihm der Schweiß von der Stirn herunter und fällt Tropfen nach Tropfen in jene Portion Hammelnieren, die sogleich von der Frau Gerichtsrat Beyer mit großem Behagen und mit einer gewissen Kennermiene verspeist werden wird.

Da betritt der große Theaterkritiker Ernst Mancke das Lokal und geht zu dem Stammtisch, der gebührenderweise leer geblieben ist. Er zieht den Paletot aus und sagt zu dem Kellner: »Vorläufig bestelle ich noch nichts; mein Bote wartet am Büfett; ich schreibe ihm noch ein paar Worte.«

Der Kritiker Mancke hat soeben im Theater ein neues Stück von Maeterlinck gesehen und gedenkt jetzt hier im Restaurant einen kurzen Vorbericht für seine Zeitung zu verfassen. So setzt er sich an den Stammtisch und schreibt folgendes: »Gestern im Deutschen Theater ›Pelleas und Melisande‹. Was soll man sagen?

Was soll man sagen, Freunde und Gefährten? Nichts soll man sagen nach solchem künstlerischen Erlebnis. Stumm und erschauernd soll man hinausgehen, über Blütenwiesen wandeln und den feinen Duft der Tulpen einatmen. Und soll Gott aus vollem Herzen danken, daß uns diese Gnade und Gloria wurde und diese schimmernde Magie. Morgen schreibe ich noch etwas mehr. Jetzt drängt es mich hinaus in die Nacht unter des Sternenhimmels hehren Dom. Jetzt weiß ich nur einen Rat: Schluchzen, schluchzen, schluchzen.«

Der Theaterkritiker tut diesen Bericht in ein Kuvert und schickt ihn seinem Boten hinaus. Dann winkt er den Kellner herbei und sagt ihm: »So, Oberkellner, jetzt bringen Sie mir einmal Pökelkamm mit Sauerkraut.«

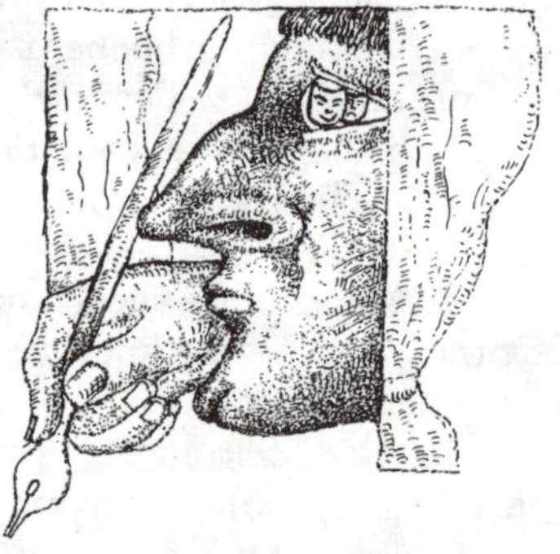

Eine Viertelstunde Wahrheit

Die beiden Redakteure Blaschke und v. Sartorius saßen zusammen in ihrem Bureau und arbeiteten. In dem Bureau der Zeitung »Die Fanfare«, Organ für alle gebildeten Deutschen, erscheint täglich einmal, mit der wirtschaftlichen Wochenbeilage »Butter und Käse«. Blaschke und v. Sartorius arbeiteten nun schon fünfzehn Jahre zusammen an dieser Zeitung, an demselben Tisch und in ewig demselben Zimmer, in dem ein alter Regulator ruhig tickend die verlorenen Sekunden abzählte. Sie krümmten den Rücken, Blaschke und v. Sartorius, und waren sich in dem einen Punkte einig, daß dieses ein Hundeleben sei, das sie da führten, und daß es herrlich sein müßte, wenn man einmal frei sein würde, sein eigener Herr und auf niemanden mehr Rücksicht zu nehmen brauchte. Blaschke war noch jung, hatte schwarze Locken und allerlei Rosinen im Kopfe: und weil er früher einmal in einem Kolonialwarengeschäfte angestellt war, hatte er jetzt den volkswirtschaftlichen Teil unter sich und schrieb für die »Fanfare« die politischen Leitartikel. v. Sartorius dagegen war ein alter Mann mit grauem Haar geworden und machte sich schon lange keine Illusionen mehr; er war in seinem Nebenberuf Dichter und eignete sich deshalb hier in der Zeitung vorzüglich dazu, die Rubrik »Kunst und Wissenschaft« zu verwalten und die Kritiken über andere Dichter zu schreiben.

So hatten sie nun fünfzehn Jahre sich gegenübergesessen und die Feder immer in dasselbe Tintenfaß getaucht. Und wenn sich dabei ihre Blicke trafen, lächelten sie sich an, oder seufzten gemeinschaftlich, oder sagten: ja, ja, das ist nun das Leben, oder gaben sich andere solche Zeichen kameradschaftlicher Zusammengehörigkeit. Selbstverständlich konnten sie sich nicht ausstehen. Wenn man mit jemandem fünfzehn Jahre zusammen an einem Tisch gesessen hat, so ist man meistens dahintergekommen, daß er ein Ekel ist, und wird in dieser Meinung nur von Tag zu Tag bekräftigt werden. Immer sind uns die Leute gräßlich, die uns gar so dicht auf dem Halse sitzen, und nur die, die uns fern und unerreichbar sind, die Toten, die keinem mehr etwas tun, nur die erscheinen uns als Helden, Paladine, Dichterfürsten oder sonst so etwas. v. Sartorius war überzeugt, daß Blaschke ein Intrigant und Streber sei, der immer nur um den Chef herumschwänzelte; Blaschke aber erzählte abends an seinem Billard, er müsse leider täglich mit einem Menschen zusammenarbeiten, einem gewissen Sartorius, der von der Journalistik ebensoviel verstünde wie ein Kamel von der Schlagsahne.

Das hinderte sie aber nicht, ganz gut und prächtig miteinander auszukommen. Du lieber

Gott, man braucht sich halt gegenseitig in dieser Welt, und wenn man jedem sagen wollte, wie man es meint, würde man niemals Vertretung für den Urlaub bekommen. Blaschke nannte seinen älteren Kollegen immer »Verehrtester«, v. Sartorius antwortete gütig mit einem »mein lieber Sohn«, einer lobte des anderen Artikel gar heftig und voll Ekstase, und an den Geburtstagen besuchten sich ihre Frauen gegenseitig, brachten sich Resedatöpfe und tauschten Freundlichkeiten aus und die besten Ratschläge zur Anfertigung von Stachelbeermarmelade. Denn für solche Fälle hat uns eine leise Gottheit die lächelnde Kunst der Lüge verliehen; der Lüge, die dieses Leben erst erträglich macht und ohne die wir uns ja doch alle in den Haaren liegen würden. Aber schön wäre es doch, Herr Gott und Vater, einmal dem infamen Schuft da drüben die Wahrheit ins Gesicht zu sagen. Schön wäre es doch, sich einmal ordentlich auszuschreien, so recht vom Grunde des Herzens aus. Aber dazu müßte man unabhängig und frei sein, und auf diesen Augenblick der Freiheit warteten sie nun beide an ihrem gemeinsamen Tisch, während der Regulator rastlos und unermüdlich weiterzählte. v. Sartorius spielte heimlich in sämtlichen Dombaulotterien; Blaschke aber malte sich aus, wie er einen Ruf als Chefredakteur an ein anderes großes Blatt erhielte, und wie er dann im letzten Augenblick zu v. Sartorius sagen würde: »Und nun will ich

Ihnen einmal von der Leber weg sagen, wie ich eigentlich von Ihnen denke.«

In diesem Geiste hatte jetzt v. Sartorius gesagt: »Mein lieber Sohn, Sie haben das wirklich famos geschrieben, den Leitartikel über König Eduard.«

»O bitte sehr, Verehrtester«, erwiderte Blaschke, »es ist doch nichts gegen Ihren Aufsatz über Ibsen.«

»Ja«, sagte v. Sartorius und lehnte sich träumerisch zurück, »wenn das Publikum eine Ahnung davon hätte, wieviel Arbeit und Geist nötig sind, um eine Zeitung zusammenzubringen; wie solche Talente wie Sie und ich sich abmühen müssen.« – »Wenn so ein Artikel in der Zeitung steht, sieht er nach gar nichts aus«, meinte Blaschke philosophisch. v. Sartorius nahm eine der eben angekommenen Abendzeitungen, faltete sie auf und sah dabei voll unendlicher Güte zu seinem Freunde hinüber.

»Sie sind auch zu schade für diese Arbeit, mein Sohn«, sagte er väterlich. »Sie sollten etwas schreiben, sich einen Namen machen; Sie mit Ihrem glänzenden Stil und Ihren satirischen Einfällen.«

»Dazu müßte ich Ihr Talent haben, Verehrtester«, meinte Blaschke bescheiden abwehrend.

»Ach, Sie sprechen von meiner kleinen Gedichtsammlung Eichenblatt und Lorbeerreis?« sagte v. Sartorius, indem er flüchtig die Zeitung in seiner Hand durchlas: »gewiß, sie ist nicht übel; aber das können Sie alle Tage.«

»O bitte, sagen Sie das nicht!« rief Blaschke voll ehrlicher Entrüstung, »es ist das Beste, was auf diesem Gebiete geschrieben worden ist. Dazu gehört eben Ihre Feder, diese Kunst, auch das Unscheinbarste mit der Sonne der Poesie zu verklären.«

»Darf ich Ihnen eine Zigarre anbieten?« fragte v. Sartorius.

»Herzlichen Dank«, erwiderte Blaschke und nahm die Zigarre entgegen. »Nein«, fuhr er fort, »so einen Band Gedichte wie den Ihren, den schreibt nicht der erste beste. Da steckt ein wirklicher Dichter drin, ein echter, gottbegnadeter Dichter.«

Nun wurde v. Sartorius aber ernsthaft böse. »Glauben Sie mir nur, mein lieber Sohn«, sagte er, »Sie können es, wenn Sie nur wollen. Sie haben das Zeug dazu: Sie mit Ihrer Erfindungsgabe, Sie mit Ihrem Wissen, Sie mit Ihrer . . .«

So war das fünfzehn Jahre gegangen, und so wäre es auch heute noch bis sieben Uhr abends fortgegangen, wenn nun nicht das große Erlebnis dazwischengekommen wäre. v. Sartorius verstummte plötzlich, starrte in die Zeitung, die er in der Hand hielt, und rief dann entsetzt aus: »Mein Gott, was ist denn das hier in der ›Täglichen Abendpost‹!«

»Was denn, um Gottes willen!« rief Blaschke erschreckt.

»Hören Sie nur, was hier steht unter Lokalem«, sagte v. Sartorius und las vor: »Wieder ein Wurstblatt weniger. Das hier erscheinende Blatt ›Die Fanfare‹ ist endlich verkracht. Das schon seit langer Zeit an Abonnentenschwund leidende Blatt wird sein Erscheinen einstellen.«

Blaschke und v. Sartorius sahen sich entsetzt an.

»Geben Sie einmal her«, rief dann Blaschke, »was ist denn das für ein Unsinn?« Und er las die Notiz noch einmal durch, und sie wurde nicht anders. »Weiß Gott, es ist wahr. Ist verkracht, da steht es. Es ist also doch richtig, was man sich erzählte.«

Sie saßen wie verdonnert und starrten sich in die Augen. Jeder suchte krampfhaft zu durchdenken, was nun sei und was nun werden würde. Sie hatten von dieser Stunde des Abschließens und der Freiheit geträumt und sich danach gesehnt, und nun, da die Stunde plötzlich da war, ohne vorher anzuklopfen, war es ihnen, als hörte die Welt auf. Sie hatten über das Hundeleben geseufzt und nicht gemerkt, daß ihnen dieses Hundeleben und dieses Seufzen lieb und traut geworden war; wie ja keiner von uns Kreaturen ahnt und klar weiß, was eigentlich der Wunsch seiner Seele ist, da ganz unten in dem dunklen Grunde unter allen Worten und unter allen Gedanken. Jetzt sahen sie nur, daß es aus war und daß alle Bande sich lösen würden. »Und davon haben wir nie etwas gehört«, sagte

v. Sartorius. »Kein Mensch sagt uns, wie es um uns steht, aus einer fremden Zeitung müssen wir es erfahren!«

»Ich habe es schon gewußt«, sagte Blaschke, »und habe längst so etwas munkeln hören. Mein Freund, der Geheimrat, fragte mich immer, wie lange ein so erbärmlich redigiertes Blatt denn eigentlich bestehen wolle. Das ist ja auch gar kein Wunder bei diesen senilen Artikeln über Kunst, über die sich allmählich alle Welt lustig machte.«

»Bitte, bitte«, sagte v. Sartorius gekränkt, »wir wollen nicht untersuchen, über welche Artikel man sich am meisten lustig machte, über die meinen oder die Ihrigen.«

Blaschke sprang auf. Mit einem Schlage sah er, daß nun, wo alles zusammenbrach, der Schwindel nicht mehr nötig war. »Reden Sie nicht«, rief er, »tun Sie nicht, als ob Sie nicht genau wüßten, wie es stand. Die Setzerjungen haben sich gekrümmt vor Lachen über das Zeug, das Sie hier zusammenschreiben.«

v. Sartorius war kreidebleich geworden. Auch er hatte wie im Schein eines Blitzes gesehen, daß nun, wo nichts mehr zu verlieren war, die Stunde der Abrechnung gekommen war. »Das wagen Sie mir zu sagen!« rief er. »Sie, der Sie nicht einmal richtig Deutsch schreiben können! Sie sagen das mir, einem Schriftsteller von Ruf!«

»Schriftsteller!« schrie Blaschke und lachte hell auf. »Schriftsteller ist einfach unbezahlbar.

Ja, nehmen Sie denn Ihre Dichterei wirklich selber ernst? Da sollten Sie einmal hören, was die anderen darüber sagen!«

»Und Sie?« schrie v. Sartorius. »Und Sie? Wissen Sie, was Sie sind? Ein elender Streber und Intrigant sind Sie! Glauben Sie, ich weiß nicht, wie Sie den Chef gegen mich aufgehetzt haben? Glauben Sie, ich weiß nicht, daß Sie niemals das Einjährigenexamen gemacht haben, wie Sie mir hier immer vorrenommieren? Ich kenne jeden Ihrer Schliche und Gemeinheiten. Ja, Gemeinheiten! Jetzt kann ich es Ihnen endlich ins Gesicht sagen, jetzt ist ja doch alles aus. Sie haben damals den anonymen Brief über mich an den Chef geschrieben! Sie sind aus dem Hoftheater herausgeworfen worden, weil Sie um Billetts schnorrten. Sie sind für Ihre Artikel bestochen worden. Sie sind der gemeinste Mensch, der mir je vorgekommen ist. Ein Gauner sind Sie! Ein Verleumder sind Sie! Ein elender Schleicher sind Sie!«

So schrie v. Sartorius, und als er so schrie, da stürzten ihm die heißen Tränen aus den Augen. Er war ein Greis und hatte wohl seit fünfzig Jahren nicht mehr geweint. Jetzt kam es ihm wieder, weil es in ihm so riß und wühlte, all das, was da endlich herauswollte. Was sich seit Jahren festgewachsen hatte, da unten in einem armen Menschenherzen, das brach nun los, und es war ihm, als ob große blutige Stücke aus seinem Munde kämen.

Aber Blaschke war auch noch nicht still gemacht. »Soll ich Ihnen sagen, was ich von Ihnen weiß!« schrie er. »Sie sind mit Ihrem Gedichtbuch bei acht Verlegern abgefallen! Und Ihre Artikel, die schreiben Sie aus der ›Frankfurter Zeitung‹ ab.«

»Halunke«, sagte v. Sartorius und faßte nach dem Tintenfaß, in das sie fünfzehn Jahre hindurch brüderlich die Feder getaucht hatten. In diesem Augenblick tat sich die Tür auf, und der Chef der Zeitung »Die Fanfare«, Organ für alle gebildeten Deutschen, stand darin.

»Was haben Sie denn, meine Herren?« fragte er erstaunt. »Was war denn das für ein Geschrei, das man bis auf die Straße hört?«

Zitternd vor Erregung hielt ihm v. Sartorius die Notiz hin.

»Mein Gott, die Unglücksnotiz!« rief der Chef. »Haben Sie den Unsinn auch schon gelesen? Aber es ist ja nicht wahr! Es ist ja ein unglaublicher Irrtum, den wir gleich dementieren müssen. Nicht wir haben Bankrott gemacht, nicht ›Die Fanfare‹, sondern ›Die Posaune‹, die wirklich ein Wurstblatt ist. Mein Gott, das haben Sie geglaubt! Wir denken ja gar nicht daran, Bankrott zu machen.«

Blaschke und v. Sartorius waren ganz still geworden.

»Wie konnten Sie nur so etwas glauben«, rief der Chef, »uns geht es ja sogar vortrefflich. Und ich hoffe, wir werden noch recht lange zusammenbleiben, und Sie beide werden noch jahrelang hier an diesem Tische arbeiten, so verträglich und so kameradschaftlich wie immer. Und darauf wollen wir nun zunächst einmal einen Kognak trinken.« Er lief zu seinem Schrank und holte von dort den berühmten Kognak, die Flasche zu acht Mark, den ihm der Kommerzienrat Nathansohn alljährlich zu Weihnachten zu schenken pflegte und der nur bei großen Gelegenheiten in Wirkung trat.

»So«, rief er, »und nun stoßen wir auf die alte, gute Freundschaft an.«

Blaschke und v. Sartorius standen sich gegenüber wie zwei Ringkämpfer und atmeten schwer. Sie konnten noch nicht so schnell mittun. Die Wahrheit war endlich einmal durch das stille Zimmer geflogen und hatte alles über den Haufen geworfen. Es war, als ob ein fremder Vogel, ein großer bunter Vogel, in eine bürgerlich gute Stube geraten wäre und dort mit den mächtigen, heiligen Schlägen seiner wilden Flügel alles kurz und klein geschlagen hätte, die freundlichen Nippes, die Gipsfiguren Goethes und Schillers und die verlogenen Familienbilder an den Wänden. Wer sollte den fremden Vogel so schnell wieder einfangen und in den Käfig sperren? v. Sartorius war zuerst damit fertig. Er gab sich einen Ruck, als ob er etwas herunterschluckte, zog seinen Rock in Ordnung und trat an das Kognakglas heran.

»Aber anstoßen«, kommandierte der Chef,

»mit dem kleinen Finger anstoßen, und sich dabei fest ins Auge sehen!«

Blaschke und v. Sartorius stießen miteinander an und sahen sich fest ins Auge.

»Fest in die Pupille sehen!« rief der Chef.

»Mein lieber Sohn!« sagte v. Sartorius leise.

»Verehrtester!« sagte Blaschke.

Und sie haben noch lange, lange Jahre hindurch zusammen gesessen unter der gelassen zählenden Uhr und haben sich freundlich zugelächelt, als wäre nichts geschehen und als wüßten sie nichts. Sie lobten gegenseitig ihre Artikel voll Begeisterung und bewunderten ihre Gedichtbücher; und die Resedatöpfe, die sich ihre Frauen zu den Geburtstagen brachten, dufteten ebenso lieblich wie vorher.

Blumensprache

Welch schönen Balkon die Frau Piontek sich angelegt hat!

Offengestanden: ich hatte ihr soviel Natursinn und Liebe für die Blumen eigentlich gar nicht zugetraut.

Vorn eine ganze Front von Geranien mit Kornblumen abwechselnd; als Dach oder Laube hochgezogen und gewölbt die seltenen Gloxinien; um die Kapuzinerkresse in der Ecke sind die Bienen und Hummeln beschäftigt; weißes Tausendschön an der richtigen Stelle; und die wilden, mädchenhaften Petunien, bei denen man immer an Italien denken muß.

Auch ein rotlackiertes Gießkännchen ist da mit einem Landschaftsbild drauf, das wildbewegte Meer darstellend nebst einem Schiff und einem Leuchtturm in der Ferne.

Wie gesagt, ich hätte ihr das alles gar nicht zugetraut. Sie zankt immer ihren Mann vor allen Leuten aus und hat eine sehr laute Stimme.

Aber man sollte die Menschen vielleicht nicht nach kleinen Äußerlichkeiten beurteilen. Wer einen solchen Blumenbalkon hat, der muß irgendwo im Herzen ein stilles Paradiesgärtchen mit herumtragen.

»Frau Piontek«, sagte ich, »weiß Gott, Sie

haben den schönsten Balkon, den ich je in meinem Leben gesehen habe.«

»Nicht wahr?« schrie sie mit funkelnden Augen. »Die ganze Straße platzt vor Neid.«

Geschäfte mit Vertrauen

Der Bankdirektor lehnte sich im Klubsessel zurück, blickte mich über seinen ungeheuren Arbeitstisch hinweg an und sprach mit sanfter Stimme: »Sie können uns Ihr Geld ruhig anvertrauen, wir werden es sicher anlegen und damit arbeiten ...«

»Aber ich habe ja fast gar kein Geld«, warf ich dazwischen.

»Auch aus fast gar keinem Geld kann man etwas machen. Haben Sie nur Vertrauen, wir sind ein durchaus seriöses Geschäft und befassen uns nur mit ganz ernsten und soliden Unternehmungen. Was ich einmal anfasse, das hat Hand und Fuß.«

Ich sah zaudernd vor mich hin. Da klingelte das Tischtelefon, der Bankdirektor blickte mich entschuldigend an, nahm den Hörer und sprach: »Ja. Ach, du bist's, Mucki. Also, höre mal, liebe Mucki, es bleibt dabei für heute abend. Ja. Ich hole euch mit meinen beiden Mercedeswagen ab; dann fahren wir zuerst einmal essen. Dann irgendwo ins Varieté und hinterher wird sich schon etwas finden. Nein, wir sind ganz unter uns; nur noch Fifi, Mimi und Moppel. Wer Moppel ist? Moppel ist doch mein Prokurist; er bringt seine Poussage mit. Also um sieben; schön.«

Der Bankdirektor hakte den Hörer ein, lehnte

sich wieder in seinen Klubsessel zurück und fuhr fort: »Wo waren wir doch stehengeblieben? Ja richtig. Also, was ich einmal anfasse ...«

»Herr Direktor«, unterbrach ich ihn, »ich fange an, Vertrauen zu fassen; Ihr Geschäft gefällt mir.«

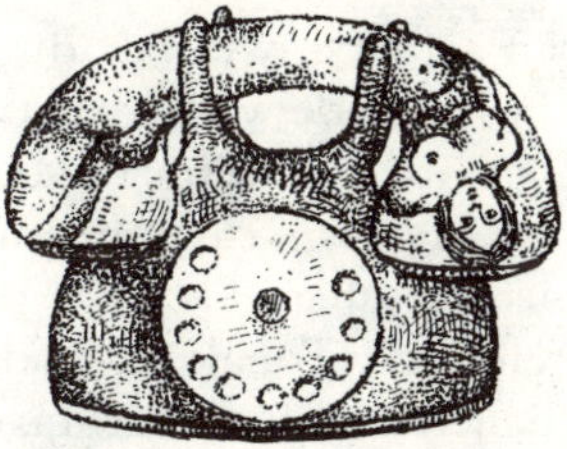

Die Mostrichkugel

Bevor wir die Geschichte des Herrn Pastinazi aus Neurode betrachten, muß erst einmal ganz kurz von seinem Hunde Schuft berichtet werden. Der Leser wird gleich selber einsehen warum.

Also Herr Pastinazi, welcher Buchhalter bei Tomaschek in Neurode war, hatte ursprünglich zwei Hunde gehabt, den Schuft und den Tobak. Schuft war ein kleines, krummes Luder, so eine Kreuzung aus Pinscher, Teckel, Mops, Terrier und Wachtelhund. Tobak war dagegen ein etwas stattlicherer Hund, der fast für einen kleinen Bernhardiner gelten konnte. Schuft und Tobak vertrugen sich sehr gut, sie spielten miteinander, schliefen in einem Korbe und leckten sich gegenseitig die Hintern, was bei den Hunden – namentlich den schlesischen – als ein Beweis von zartem Gemüt und von Seele gilt. Aber trotzdem scheint bei den beiden die Freundschaft nur eine äußerliche gewesen zu sein, während sie sich in ihrem respektiven Inneren vielleicht allerlei Gedanken machten. Bei Schuft war das ganz sicher. Schuft war ein armer, vergrämter Kerl, und es war nicht zu verkennen, daß er gegen den imposanteren Tobak einen heimlichen Neid hegte. Wenn beide zu Mittag in der Küche ihr Näpfchen vorgesetzt bekamen, so verzehrte Schuft seine Portion mit dem Ausdruck tiefster Bekümmernis und war offenbar sehr gekränkt darüber, daß der Tobak auch etwas bekam. Ja er ging in seiner Eifersucht so weit, daß er das widerlichste und ekelhafteste Zeug, das man ihm vorsetzte, schnell auffraß, nur damit der infame Tobak nichts davon abbekäme.

Und dieses hatte nun Herrn Pastinazi auf einen sonderbaren und vielleicht nicht allzu zarten Spaß gebracht. Er pflegte nämlich auf ein Stückchen Brot Mostrich, Pfeffer und Salz zu tun und das alles zu einem Kügelchen zu formen. Diese kleine Höllenbombe legte er dem Schuft vor, der natürlich zunächst davon nichts wissen wollte. Aber wenn Herr Pastinazi dann rief: »Komm, Tobak!«, so schlang Schuft schnell das Teufelszeug herunter, weil er dem Tobak nichts davon gönnen wollte.

Später starb dann Tobak, und Schuft blieb allein mit Pastinazi in der Welt zurück. Aber das Sonderbare war nun, daß sein Neid und seine Eifersucht auch jetzt noch nicht nachließen. Tobak lag schon jahrelang unter der Erde, und immer noch machte Herr Pastinazi das Experiment mit der Mostrichkugel. Er legte sie dem Schuft vor, rief »Tobak, komm!«, und dann würgte der Schuft das Zeug herunter, aus Angst, der tote Tobak könnte auch etwas davon abbekommen.

Soweit also die Eigentümlichkeit und Geschichte des neidischen Schuft, und nun kommen wir zu Herrn Pastinazi selber. Man wird es bald weghaben, warum wir diesen Umweg machen mußten. Denn es ist erstaunlich, welche Ähnlichkeit und welch Parallelismus bisweilen zwischen den Menschen und ihren Haustieren vorwalten kann.

Also Herr Pastinazi, den man sich als ein dünnes Junggesellchen von zweiundsechzig Jahren vorzustellen hat, war Buchhalter in der Holzgroßhandlung von Tomaschek zu Neurode in der Grafschaft Glatz. Es war noch ein anderer Buchhalter da, der Herr Miller, und mit diesem Miller stand sich Pastinazi nun ungefähr so ähnlich, wie sich Schuft zu dem seligen Tobak gestanden hatte. Sie arbeiteten zusammen in einem Zimmer, und Pastinazi war freundlich und höflich zu Miller, bestand aber genau auf seinem Recht. Und würde es sich auf das allerentschiedenste verbeten haben, daß dem anderen irgendein Vorteil oder so eine Art Privatvergünstigung eingeräumt werde, an der er selber keinen Anteil gehabt hätte.

Wenn also, beispielhalber, der Prinzipal, Herr Tomaschek, in das Zimmer kam und dem Miller eine Zigarre anbot, so schnitt Pastinazi auf seinem Stuhl ein so empörtes Gesicht, daß er gleich auch eine abbekam. Dabei machte sich Pastinazi gar nichts aus dem Rauchen, sondern ihm wurde im Gegenteil immer hinterher ganz übel. Aber darauf kam es ja gar nicht an, denn Recht muß doch Recht bleiben, und was dem einen recht ist, das ist dem andern billig. Und ähnlich war es in allen Dingen, so daß der Prinzipal sich schon von selber hütete und die strengste Gerechtigkeit obwalten ließ, damit dieser sonderbare Pastinazi nicht den geringsten Grund zu etwelchen Beschwerden finden könne. Denn offenbar lauerte er auf solchen Grund heimlich und scharf, wie der Angler am stillen Wiesenufer auf den Korken lauert, ob er nicht wackelt.

Da geschah es nun eines schönen Maimorgens, als Pastinazi ins Büro trat, daß er beobachtete, wie Miller mit dem Herrn Tomaschek leise sprach und offenbar etwas Niederträchtiges abmachte. Gleich ahnte er nichts Gutes und beschloß, sehr auf der Hut zu sein, daß der andere ja nicht etwa wieder irgendein Vorsprünglein erwische in dem mühseligen Wettlauf des Lebens. Es ereignete sich vorläufig aber nichts, sondern eine ahnungsvolle Stille lagerte über dem Gelände, bis gegen Mittag Miller nach der Uhr sah, die Feder hinlegte und sagte: »Na, nun kann ich es mir ja allmählich gönnen.«

»Was können Sie sich gönnen?« fragte Pastinazi mit kerzengerad gespitzten Ohren.

»Sie haben doch gehört«, sagte Miller, »daß ich seit Jahren an chronischer Verstopfung leide. Gestern war ich nun beim Arzt, und der hat verordnet, daß ich jeden Vormittag in frischer Luft eine halbe Stunde Dauerlauf machen soll. Na, da habe ich mit Herrn Tomaschek gesprochen, und er hat nichts dagegen. Er hat mir sogar sein Gärtchen zur Verfügung gestellt, in dem ich täglich meinen Dauerlauf ganz bequem machen kann, ohne jemand irgendwie zu stören.«

Damit stand er auf und ging in aller Gemächlichkeit hinaus und in den Garten hinunter.

Das Gärtchen des Herrn Prinzipals lag unter den Fenstern des Büros, in dem die beiden Buchhalter arbeiteten, und vom Tisch aus konnte man hineinsehen. Es war ein freundliches Gärtchen und so sauber und putzig, wie die Gärtchen alle in der Grafschaft Glatz zu sein pflegen. In den vier Ecken waren Fliederbüsche und in der Mitte zwei Rasenbeete, die mit Begonien eingesäumt waren. Und auf jedem Rasenbeet stand eine Gipsfigur mitten drauf, nämlich auf dem einen die Büste Seiner Majestät des Kaisers, auf dem andern der Kopf der klagenden Niobe. Zwischen den Beeten aber schlängelte sich ein kiesbestreuter, weißer Weg, der in Form einer Acht oder einer Brezel in sich abgeschlossen war.

All diese Herrlichkeit konnte Pastinazi von seinem Platze überschauen und mußte nun mit ansehen, wie Miller – mitten in der Arbeitszeit – da unten die Pforte aufmachte und in das Edengärtlein eintrat. Dann stemmte Miller die Arme in die Hüften und begann den Weg entlang zu traben, immer die Brezel ringsherum. Und wenn Miller die Brezel zehnmal abgelaufen hatte, dann hielt er inne, um sich ein wenig zu verschnaufen, und lustwandelte langsam und wollüstig durch die Bosketts, wobei er hier und da an einer Blume roch und vor der klagenden Niobe stehenblieb, um sie in aller Gelassenheit zu betrachten.

Das alles wurde von nun an jeden Mittag aufgeführt, und acht Tage lang sah es sich Pastinazi von dem Tische aus an, an dem er unterdessen arbeiten sollte, und wurde blau und gelb. Dann packte ihn eines Mittags, als Miller gerade unten war, die Wut. Er ging in das Privatkabinett des Prinzipals nebenan, blieb da an der Tür stehen und fragte heiser und zitternd: »Ich möchte nur fragen, wie Herr Miller dazu kommt, jeden Vormittag eine halbe Stunde spazieren zu laufen, während ich hier oben sitzen und Rechnungen aufstellen muß?«

Der Prinzipal war nicht in der richtigen Laune, Pastinazis Gram zu würdigen. »Sind Sie auch krank?« fragte er. »Sie wissen doch, daß Miller an Verstopfung leidet, und daß ihm der Arzt den Dauerlauf verordnet hat.«

»Ich weiß nur«, sagte Pastinazi bebend, »daß ich eine halbe Stunde mehr arbeiten muß als er und doch nicht besser bezahlt werde.«

»Zum Donnerwetter«, rief der Prinzipal, »nun wird es mir aber zu bunt mit der Neidhammelei. Sie sollen genau ebenso wie Miller in den Garten hinunter, wenn es Ihnen Spaß macht, aber nur unter der Bedingung, daß Sie ebenso Dauerlauf machen wie er.«

»Hahaha!« schrie Pastinazi, »wenn's nur darauf ankommt, das werden wir gleich haben; die Finten kennen wir schon.«

Und damit stürmte er hinaus, die Treppe hinunter, riß unten die Gartentür auf, zum größten Erstaunen Millers, der mitten im besten Rennen war, und begann nun seinerseits die Wegbrezel in entgegengesetzter Richtung durchzugaloppieren, daß der Kies stob.

»Verstopft sein kann jeder!« schrie er seinem Gegner zu, als sie sich in der Mitte begegneten. Und als er sich verschnaufen mußte, da ging er straks auf den Flieder los, der just in diesen Tagen in himmlischem Maiflor stand, grabschte wild nach einer Dolde und roch voll Wut daran, indem er über die blauen Blüten hinweg heillose Blicke nach Herrn Miller abschoß.

Seit dieser Zeit hat der Buchhalter Pastinazi täglich seinen Dauerlauf gemacht bei Regen und Sonnenschein bis in den Winter hinein. Und es war ihm sehr gleichgültig, ob sich ganz Neurode über ihn lustig machte und ob die Dienstmädchen lachend aus den Fenstern in den Garten sahen, wo die beiden Buchhalter von Tomaschek ihre Brezeln herumrasten wie die Wilden. Denn Recht muß doch Recht bleiben, und was dem einen recht ist, das ist dem andern billig. So sagte er, kniff die Fäuste in die Seiten und rannte durch die kahlen Büsche, daß ihm die Augen aus den Höhlen traten, und seine arme, alte Lunge pfiff wie eine Amsel im März.

Bis er plötzlich anfing, Blut zu spucken. Denn in der Welt ist es eben anders als im Sprichwort, und was dem einen recht ist, das ist dem andern noch lange nicht billig. Miller war verstopft, und dem war der Dauerlauf recht, so daß er schlank und geschmeidig wurde; Pastinazi aber litt an Asthma, und dem bekam es schlecht. Er holte sich in aller seiner Wut und in seinem Jammer den Knacks fürs Leben, so daß ihm der Doktor sagte, er möchte sich nun mit seinen zweiundsechzig Jahren einen geruhigen Lebensabend gönnen. Woraufhin er mit halbem Gehalt pensioniert wurde und zu Hause bleiben durfte.

Zu Hause aber fand er den Schuft vor, der immer noch so possierlich war wie früher. Und dieser Schuft war nach allem die letzte Freude, die Herrn Pastinazi blieb, und das einzige, was ihn in seinem Zusammenbruche noch so etwa aufheitern konnte. Und immer war es noch ein Hauptspaß mit dieser Mostrichkugel. Wenn Herr Pastinazi seine kümmerliche Krankenmahlzeit hinter sich hatte, machte er ein Kügelchen aus Brot, Senf und Pfeffer, legte es dem Schuft hin und rief: »Komm, Tobak!« Dann schnitt der Schuft ein gräßliches Gesicht und schlang die Pastete herunter, damit sein toter Freund nur ja nichts davon abbekäme. Und dann mußte der pensionierte Herr Pastinazi immer wieder darüber lachen, wie einfältig und, wenn man so sagen darf, wie geistlos solch Viehzeug doch gewissermaßen sein könne.

Odi . . .

Wie ich nun aber jenes Gedicht schreiben wollte, im Café Germania, da kam just der dicke Assessor Francke daher. Er setzte sich an den Tisch nebenan und bestellte sich einen Apfelkuchen mit Schlagsahne. Der dicke blonde Assessor Francke, der immer so schmatzt; der mit dem Kneifer und mit den Schmissen.

Zürnend über diese Störung ließ ich mir die Times kommen und verbarg mich hinter den Folien des Weltblattes, um abzuwarten, bis die Heimsuchung vorüber sei.

Einmal lugte ich hervor, ob er fertig sei mit seinem Kuchen. Und da sah ich, wie er sich die Schlagsahne in sein blankes Gesäß hineinlöffelte.

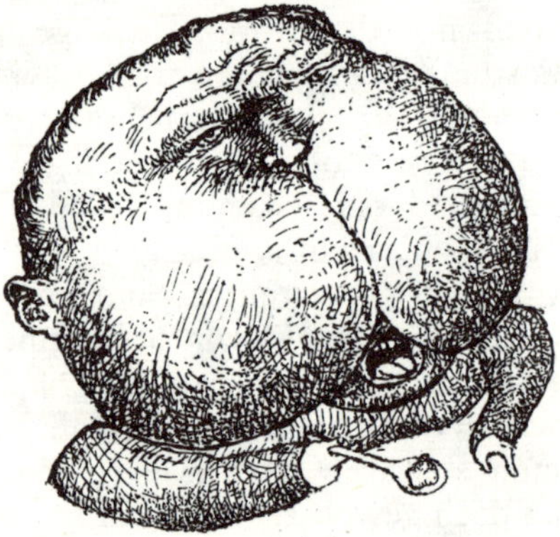

Entsetzlich.

Aber beim näheren Zusehen bemerkte ich schließlich doch, daß das ein Irrtum war. Er löffelte sich die Sahne nicht in sein Gesäß, sondern ins Gesicht.

Es war ein Irrtum... aber ach ein so naheliegender.

***

Die junge Birke, unter der ich hier am Feldrain sitze, ist den ganzen Vormittag in leidenschaftlicher Erregung. Sie schüttelt sich vor Lachen, sie sinkt erschauernd in sich zusammen, sie wirft ihre goldenen Zweige der Sonne entgegen.

Jede dieser reizenden Gebärden ist vorausbestimmt seit dem Schöpfungstage, jede ist wichtiger als die Politik Európas.

Die goldene Kette

Sie war schlecht, und er liebte sie sehr.

Warum er sie liebte, wußte er nicht zu sagen; wie ja so etwas überhaupt nie ein Mensch zu sagen weiß und der liebe Gott vermutlich selbst nicht. Vielleicht liebte er sie gerade, weil sie seiner nicht wert war. Weil sie etwas Fremdes war, das so himmelweit abstand von der ruhigen Ehrlichkeit, Klarheit und Güte seines Lebens. Vielleicht deshalb.

Sie war anders als er, wurzelte in einem andern Boden, und wenn sie so schweigend neben ihm herging, leise und still, und immer gerade vor sich sehend, so ahnte er, daß ihre Gedanken in einer wilden fernen Welt weilten, die er nicht kannte und nicht kennen wollte.

Ein unbegreifliches Mädchen, das da die Laune des Geschicks an seine Seite gestellt hatte. Wenn man sie so sah mit ihren ruhigen, gesetzten Manieren und ihrem ungekünstelt kindlichen und doch tiefernsten Gesichte, glaubte man, sie könne kein Wässerchen trüben. Und doch hatte sie es schlimm getrieben; hatte bis vor kurzem die wildesten Geschichten durchgemacht, war durch Leidenschaften und Tragödien geschritten und wohl auch durch Gemeinheiten, über die sie nur hin und wieder ein kurzes Wort sprach und über die er doch so gern mehr gewußt hätte.

Stundenlang konnte er darüber nachdenken, was sie wohl so eigentlich für ein Mensch sei und was diese Augen schon gesehen hätten, die aus einer andern Welt zu blicken schienen.

Einmal, als sie wieder so schweigend und rätselhaft neben ihm herging, fragte er sie geradezu: »Woran denkst du jetzt, sage es mir einmal ganz offen!«

Sie lachte.

»Woran soll ich denken. Ich denke daran, ob ich mir an meine Bluse Volants machen soll oder nicht.«

Und das ist vielleicht sogar die Wahrheit gewesen.

Denn immer, wenn die Frauen besonders rätselhaft dreinschauen, kann man versichert sein, daß sie an ihre neue Bluse denken.

Er war Korrespondent in einer kleinen Bank in Berlin und hatte nicht viel. Um ihr, die von früheren Abenteuern her verwöhnt war, zu imponieren, mußte er die Ersparnisse der letzten fleißigen Jahre angreifen; einen Hundertmarkschein nach dem andern, bis das Sparkassenbuch weg war. Und dabei fühlte er aus ihrem Verschweigen doch immer die Geringschätzung heraus, fühlte, wie sie diese Armseligkeit mit ihren früheren Erfolgen verglich. Und das Herz zog sich ihm zusammen, wenn er sein Letztes so hingeben mußte, umsonst, vergebens; wenn er ihr ein Schmuckstück brachte, das er sich vom Munde abgespart hatte, und sie es dann mit ihren ruhigen, stillen, gleichgültigen Augen betrachtete.

Hätte sie ihm ins Gesicht Vorwürfe gemacht, hätte sie jemals laute Forderungen gestellt, er hätte sie ruhig fortgeschickt und wäre den Zauber losgeworden für immer. Aber sie schwieg, und mit diesem Schweigen, aus dem tausend Stimmen heraustönten, hat sie ihn umgarnt.

Es sollte ursprünglich nur eine Liebelei sein, von der anmutigen, anspruchslosen Form, wie es deren in der Großstadt Tausende gibt. Man fühlt sich an den Sonntagnachmittagen so allein und tut sich deshalb zusammen. Es ist kein sinnliches Begehren, nur das Verlangen, in dem Gewimmel dieses Lebens einen Menschen zu haben, zu dem man gehört, die Hand eines guten Kameraden drücken zu dürfen inmitten dieser lärmenden Welt und unter dem schnell verblassenden Sommerhimmel.

Sie gingen des Sonntags hinaus an die Havel, und er war glücklich in dieser reichen Gegend. Denn seid versichert, ihr Berliner, daß keiner der heroischen Flüsse der Fremde, weder der Tiber noch die Seine noch der Arno, so schön ist wie eure Havel, die ebenso weich und lind dahinfließt, wie ihr Name klingt. Da gingen die beiden in der endlosen Prozession glücklicher Menschen an den grasigen Ufern entlang, an hohem Schilf vorüber, in dem die Rohrdommel ihr hastiges Liebeslied singt, und an kleinen

Vergißmeinnicht vorüber, auf das die schönen Mädchen achtlos treten. Dann suchten sie sich ein stilles Plätzchen oben auf den Bergen, wo man den Fluß durch die Bäume leuchten sieht und sonst nichts. Sie lag im Grase und starrte mit ihren Rätselaugen in den Himmel und in die weißen, ziehenden Wolken. Und er lag neben ihr, sah sie an und lauschte auf das Flüstern der Kronen und auf das Schlagen dieses Herzens, das er nicht verstand. Lebendig wurde sie aber erst, wenn man dann des Abends im Restaurant am See saß und recht teure Sachen auf den Tisch gestellt wurden. Die Lampen leuchteten auf, Damen in weißen Spitzenkleidern rauschten vorüber, Lachen und Musik ertönten, und mit wirrer Heimkehr, Erschlaffung und nächtlichem Aufflackern der Liebeslust endete der Tag, für dessen Reichtum er dem Geschicke in seinem dummen Herzen dankte.

Es kam vor, daß sie in wilden Nächten ganz aus sich zu gehen schien; da war sie so ganz Leidenschaft, daß er sich sagte: Jetzt sehe ich sie doch, wie sie ist, jetzt muß der letzte Schleier gefallen sein. Aber der Mensch ist doch ein Tagestier, und so wie er am Tage ist, so ist er wirklich. Und schon am hellen Vormittage war sie wieder ein anderes Wesen, unnahbar, kalt, gleichgültig, und er fragte sich da: »Ist das überhaupt immer derselbe Mensch?«

Wenn man neben einem Geheimnis wandelt, muß man auf Überraschung gefaßt sein.

Eines Tages ging sie fort, ruhig, still, als verstünde sich das ganz von selbst; schweigend und ohne Erklärung, wie sie gekommen und geblieben war. Es gab keinen Streit, keinen Abschied, sie kam ganz einfach nicht wieder und antwortete auf keinen Brief.

Er raste. Er hatte sie lieb gehabt und liebte sie noch; liebte sie jetzt vielleicht noch mehr und stärker, wie man eben alles stärker liebt, was man verloren hat. Und die Roheit der Trennung kümmerte ihn nicht, auch nicht die Gewißheit, daß sie schlechte Wege gegangen war, daß sie wieder untergetaucht sei in dem alten Wirrsal von Genuß und von Gemeinheit. Gerade so, gerade so wollte er sie haben, wollte wissen, was das alles war; wollte den schweigenden Kameraden wieder an seine Seite zurückhaben.

In dem Drama ihrer Trennung hatte eine goldne Uhrkette ihre Rolle gespielt. Eine Woche vorher hatte sie ihm einmal gesagt, er solle ihr eine goldne Uhrkette schenken. Aber er hatte kein Geld, und so ließ sie das Thema fallen und sah wieder still und schweigend vor sich hin. Acht Tage nach der Katastrophe begegnete er ihr, wie sie am Arm eines alten, widerlichen Gecken einherspazierte. Und auf ihrer Brust glänzte eine schwere, goldne Uhrkette mit einem schönen blauen Stein in der Mitte.

Jetzt hätte er nun eigentlich endlich verstehen sollen, was für eine sie war. Und er verstand es wohl auch und sah mit Entsetzen den Abgrund, der neben ihm gegähnt hatte; dachte und überlegte sich mit Schaudern, was das wohl alles für Gedanken gewesen wären, die da an seiner Seite in der Stille gewebt hatten.

Und alle vernünftigen Menschen werden nun natürlich sagen, jetzt sei es Zeit für den Unglücklichen gewesen, abzubrechen, ruhig davonzugehen und sich aufatmend darüber zu freuen, daß er noch so davongekommen sei. Aber die vernünftigen Menschen pflegen in der Brust kein menschliches Herz zu tragen, und das ist wohl auch der Grund, warum sie alle so wohl aussehen und es so weit bringen.

Er tat etwas ganz anderes. In dem blinden Verlangen, sie wiederzuhaben, koste es, was es wolle, sie ganz für sich und sicher zu haben, wie immer sie auch sei, stellte er sie eines Tages auf der Straße. Er schritt schweigend neben ihr her, die ganz harmlos und in stiller Freundlichkeit mit ihm sprach, sich nach seinem Befinden erkundigte, als sei man acht Tage in aller Freundschaft getrennt gewesen. Dann atmete er tief auf und sagte: »Willst du meine Frau werden?«

Und ganz ruhig und selbstverständlich, als wäre das der übliche Verlauf solcher Dinge, verlobten sie sich zwei Monate später, und sie wurde seine kleine Braut. Sie änderte ihr Wesen nicht, und doch fühlte er jetzt, wo er aufmerksamer beobachtete, mißtrauischer jedes Wort abwog, fühlte es heraus, daß sie ihn ein wenig lieb gewann. Sie wurde gesprächiger und freundlicher, und es geschah etwas, was in ihrer früheren Bekanntschaft nie gewesen war, sie sah ihm offen ins Gesicht, wie von dem Verlangen erfüllt, diesen komischen Menschen näher kennenzulernen, der so ganz anders war, als was sie bis jetzt gesehen.

Dabei trug sie die berüchtigte Uhrkette ruhig fort und fort, als verstünde sich das von selbst und als seien für sie Gemeinheit und Reinheit nur zwei verschiedene Kleider, die man, ohne sich aufzuregen, anzieht, je nachdem das Wetter ist.

Er mußte immer auf diese Kette sehen, die da von ihrem Halse über die weiße Bluse ging, und er litt sehr darunter. Einmal raffte er sich endlich auf und fragte sie: »Willst du diese elende Kette immer tragen?«

»Warum nicht?« fragte sie erstaunt.

Da polterte er zum ersten Male los. »Glaubst du, daß es mir ein Vergnügen ist, das Zeug zu sehen? Um diese elende Kette hast du mich verraten und betrogen; um diese Kette bist du schlecht geworden, gemein wie eine Dirne. Kannst du dir nicht denken, wie sehr mein Stolz und meine Würde leiden, wenn ich das Ding immer sehen muß!«

Sie nahm die Kette ruhig ab, steckte sie weg und sagte: »Du wirst sie niemals wieder sehen.«

Wer nun glauben wollte, dieses leichtsinnige

Mädchen sei eine schlechte Hausfrau geworden, der hätte kein tieferes Verständnis von den menschlichen Dingen. Im Gegenteil. Sie wurde ein Muster, und es wäre die beste Ehe geworden, wenn nicht das Unglück gekommen wäre. Sie war still, lieb und bescheiden, ohne aufdringliche Zärtlichkeit und ohne Sturm im Guten und im Bösen. Sie konnte kochen und wirtschaften und suchte Ehre damit einzulegen. Vielleicht fand sie gerade nach der dunklen Wildheit ihrer früheren Tage, nach dem Kaffeehausleben und der albernen, dirnenhaften Protzerei ein gegensätzliches Gefallen an dem stillen Betrieb eines kleinen Haushaltes, an heller Küche und sauberem Tischtuch, an solide klirrenden Silberlöffeln und an dem pünktlich geführten Ausgabenbuch.

Allerdings, der Abgrund zwischen beiden bestand fort und fort, war nur vergrößert worden durch die Katastrophe, die ihrer Ehe vorangegangen war und die ihm ebenso unklar blieb wie alles andere. Sie war ihm noch immer ein großes Schweigen und Geheimnis an seiner Seite, und wenn sie so plötzlich durch eine Frage aufgescheucht aus ihren Träumen auffuhr, fragte er sich noch immer, aus welchem Lande sie wohl heimkehre. Aber das hinderte nicht ein gutes Vertragen und Auskommen. Denn wenn es Harmonie nur zwischen Menschen gäbe, die sich verstehen, so wäre diese milde Gabe der Götter selten auf unserer Erde.

Das Unglück kam von außen.

Er verlor seine Stellung, und es lag keine Aussicht für ihn vor, bald wieder festen Boden unter die Füße zu bekommen.

Und da er nichts mehr hatte, da er seine armen Ersparnisse damals in seinem wüsten Werben zum Fenster hinausgeworfen hatte, saß bald die Not in der kleinen Wohnung und richtete sich da häuslich ein für immer.

Die junge Frau hielt tapfer aus, murrte nie und schritt treu neben ihm von Stufe zu Stufe hinab. Das Dienstmädchen wurde entlassen, und mit den verwöhnten, schlanken Fingern, die einst so leicht das Kristallglas angefaßt hatten, schälte sie fleißig Kartoffeln und führte den Besen. Und sah in ihrer Erniedrigung gleichgültig und träumend vor sich hin mit den Augen, die auf die wüstesten Genüsse und auf glänzende Verschwendung gesehen hatten.

Dann mußte das Leihamt helfen. Die silbernen Löffel gingen fort, die Armbänder und die Ohrringe mit den kleinen Brillanten, die er ihr einst geschenkt hatte. Und doch blieb die schwarze, schwere Not, kamen die trostlosen Winterabende, an denen man um acht Uhr ins Bett geht, um Petroleum und Heizung zu sparen. Und nirgends eine Aussicht auf etwas Sicheres, und wo soll das Geld für die Miete hergenommen werden und für die Steuer, da doch kaum noch ein paar Mark im Portemonnaie sind!

Es war alles erschöpft, das letzte erbärmliche Stück weggetragen, der Schrank geplündert, und er saß an seinem zwecklosen Arbeitstische, hatte die Hände gefaltet, starrte vor sich hin und fragte sich, an welcher Straßenecke er in vier Wochen wohl liegen würde unter dem erbarmungslosen Winterregen. Da trat sie an ihn heran und sagte schlicht und leise wie immer: »Ich habe noch etwas.« Und legte die goldene Uhrkette vor ihn auf den Tisch, die all die Zeit wer weiß in welchem Winkel gesteckt und auf ihre Stunde gewartet hatte.

Es durchzuckte ihn wie ein elektrischer Schlag.

Aber im Augenblicke sah er nur gierig die Möglichkeit vor sich, den Wirt zu bezahlen, sich für einen Monat das trockne Dach über dem Kopf zu retten, in dieser bösen Winterszeit, und der letzten Bettelschmach zu entgehen. Er steckte die Kette unbedenklich ein, ohne ein Wort zu sagen, ging fort, verkaufte sie, bezahlte den Wirt und die schlimmsten Schulden, und immerhin fiel noch etwas ab für den Haushalt und für ihre Küche.

Sie hatte von dem Rest, den er ihr gab, ein schönes Stück Fleisch gekauft, damit man doch wieder einmal warm zu essen habe, hatte kunstgerecht und fleißig ein Beefsteak zurechtgeklopft, und bald zischte und prasselte und duftete es in den armen Zimmern gar einladend, wie schon seit langen trüben Tagen nicht mehr.

Aber als sie das Essen auf den Tisch stellte und er hungrig und erbärmlich danach griff, hielt sie seine Hand einen Augenblick fest, sah ihn groß an mit ihren Rätselaugen und fragte: »Schämst du dich nicht?«

Er antwortete nicht.

Und ein stilles Lächeln, in dem eine ferne heimliche Grausamkeit zu spielen schien, lag um ihren Mund, als sie noch einmal fragte: »Schämst du dich nicht? Verletzt es deine Würde nicht, von diesem Essen zu nehmen?«

Er aber antwortete ruhig und leise, mit einem Blick, vor dem Gott hätte schamrot werden müssen: »Mein Kind, Würde ist eine Luxussache für die Reichen.«

Und er aß sein Beefsteak ruhig auf und bedauerte nur, daß es nicht mehr war.

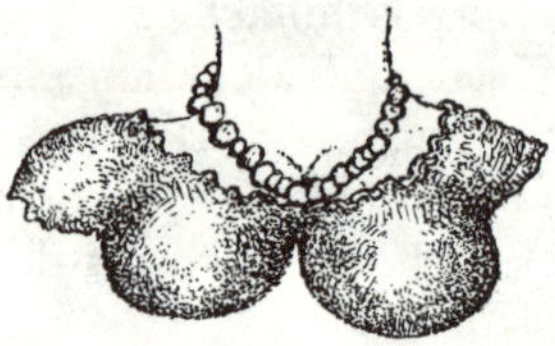

Die Sonnenfinsternis

Es sollte in der Hauptstadt und überhaupt in der ganzen Umgegend eine totale Sonnenfinsternis stattfinden, und alle nötigen Vorbereitungen waren dazu getroffen worden. Denn das war noch die alte Zeit, in der es Sonnenfinsternisse, Schönheitskonkurrenzen, Mastviehausstellungen und ähnliche gemeinnützige Veranstaltungen gab, und in der die Leute Freude an so etwas hatten. Jedermann besorgte sich ein geschwärztes Glas, um das Phänomen dadurch besehen zu können, und die Zeitungen brachten wissenschaftliche Artikel, in denen von Kopernikus und Ptolemäus gesprochen wurde.

Als der Dichter Matthias Petermann diese allgemeinen Vorbereitungen bemerkte, erklärte er im Café Kaiserkrone rund heraus, daß er gesonnen sei, die totale Sonnenfinsternis zu schneiden. »Ich bitt Sie«, sagte er zu seinen Freunden, »was ist mir eine totale Sonnenfinsternis? Ein gut geschriebenes Feuilleton oder eine Lokomotive haben mehr Geist. So eine Sonnenfinsternis ist grad so, als wenn einer die Hand vor das Licht hält. Ich bitt Sie, halten Sie mal die Hand vor die elektrische Birne da; Kunststück, daß man dann die elektrische Birne nicht sieht.«

Der Dichter Matthias Petermann sprühte von Einfällen über die Sonnenfinsternis und belästigte damit alle seine Bekannten. »Die ganze Geschichte mit den Sternen, das ist nicht viel mehr wert als eine Partie Karambolasch auf dem Billard, Kugeln, die durcheinanderrennen, weil sie müssen. Nur, daß in so einer Partie Karambolasch, wie sie hier der Marqueur spielt, mehr Sinn, also mehr Göttlichkeit drinnen ist als in der ganzen Astronomie. Überhaupt werde ich, wann diese Hetz stattfindet, zu Hause bleiben und ein gescheites Buch lesen.«

Diese Absicht konnte der Dichter Matthias Petermann aber nicht ausführen, denn es war die Jahreszeit der Zwetschgenknödel, und der Zufall wollte, daß die Sonnenfinsternis um Mittag stattfand. So mußte der Dichter gerade während der größten Aufregung auf die Straße hinunter, wenn er nicht seiner Portion Zwetschgenknödel im Restaurant verlustig gehen wollte.

Überall standen die Leute in Haufen und sahen zu dem Himmel auf, der verdächtig braun geworden war; sogar die Automobilchauffeure ließen sich herab, einen Blick hinaufzuwerfen.

»Jetzt ist es soweit«, schrie der kleine Leonhard, »Herr Doktor Petermann, sehen Sie hinauf, sie wird gleich verfinstert sein.«

Der Dichter Matthias Petermann sah nicht hinauf, sondern fest vor sich hin. Und erblickte ein siebzehnjähriges Mädchen, das mit entzückten Mienen in die Höhe starrte wie eine Heilige bei der Himmelfahrt. Und während der ganzen Dauer der Finsternis sah er in die Augen des Mädchens und nahm mit Erstaunen wahr, daß diese Augen die Farbe der Hyazinthe hatten, mit einem verlorenen Schimmer von Altgold darüber.

Am Abend berichteten die Zeitungen: »Die Ergebnisse des heutigen astronomischen Ereignisses sind sehr bedeutend. Wie uns die Direktion der K. K. Sternwarte mitteilt, sind drei Protuberanzen beobachtet worden, und zwar eine von 3 Minuten 41,3 Sekunden, eine andere von 4 Minuten 12,8 Sekunden und eine dritte gar in der außerordentlichen Höhe von 6 Minuten 35,4 Sekunden.«

Seinerseits verzeichnete der Dichter Matthias Petermann in sein Tagebuch: »Der heutige Tag war reich. Ich weiß jetzt, daß es in dieser Stadt ein siebzehnjähriges Mädchen gibt, dessen Augen die Farbe einer Hyazinthe haben, mit einem verlorenen Schimmer von Altgold darüber.«

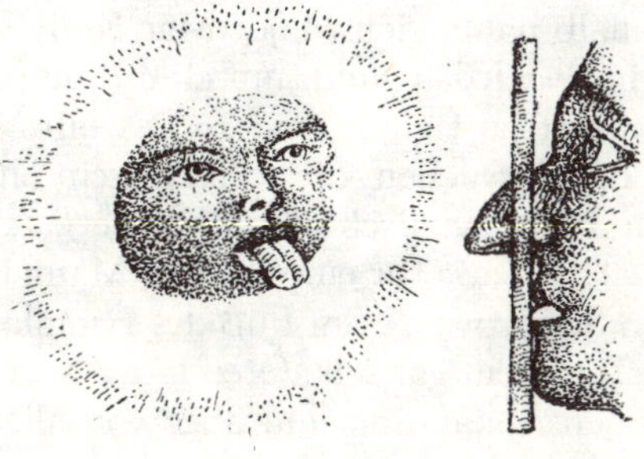

Die Dame mit dem Augenaufschlag

Kurze Zeit vor dem indischen Aufstand des Jahres 1881 war der Major Mac Kelly mit Urlaub nach England gegangen, um sich eine Frau zu suchen, obgleich er schon siebenundvierzig Jahre alt war. Er fühlte sich einsam, denn er hatte das allerkleinste Fort in Indien zu kommandieren, das Fort Albert, das mitten im großen Sumpfwalde daliegt. Dort hört man des Nachts die wilden Tiere heulen, am Tage aber leuchtet die Schneedecke des Himalaya ganz still und einsam durch das Grün der Bäume. Und sonst sieht der Kommandant von Fort Albert tagaus, tagein nichts als die Gesichter der dreißig eingeborenen Soldaten und, wenn es hoch kommt, einmal einen irischen Sergeanten, der einen Brief aus Schapur bringt. Außerdem alle sechs oder sieben Wochen die Herren von der Inspektion, mit denen man sich betrinken muß.

Deshalb nahm sich Major Mac Kelly Urlaub und ging nach England, um eine Frau in seine Einsamkeit zu freien. Und zwar wollte er sich eine Frau aussuchen, die so recht rein und sittsam und echt englisch wäre. Eine ernste Frau, wie sie sich paßt für einen stillen Mann in dem großen Sumpfwalde am Fuß des Himalaya. Er sah sich in dem ganzen Vereinigten Königreich bei seinen Bekannten um, aber von allen englischen Mädchen gefiel ihm keines so wie die kleine Sybill, die Tochter des Pfarrers Parker zu Worcester, Worcestershire. Die war von allen die Reinste und die Heiligste, meinte Major Mac Kelly. Sie hatte so einen unschuldsvollen Augenaufschlag; und dann hatte sie eine merkwürdige Art, den Männern groß und fest in die Augen zu sehen, eine Weile lang, und nach dieser Weile plötzlich loszulachen, man wußte nicht recht, warum. Das gefiel dem Major Mac Kelly sehr, denn er glaubte, daß dieses etwas besonders Tiefes sei. So heiratete er denn die kleine Sybill und nahm sie mit sich nach Indien in sein einsames Fort in dem großen Walde. Und nachdem sie dort zwei Jahre in der Stille gelebt hatten, brach dann nun jener Aufstand aus, den man »Die springende Katze« nannte.

Der Aufstand »Die springende Katze« fing damit an, daß in den Wäldern die Mangobäume mit Gips bestrichen wurden als geheimes Zeichen und Verabredung. Niemand konnte sehen, wer die Bäume mit Gips bestrich. Es war immer plötzlich des Morgens da. Zuerst beobachtete man es in der Nähe von Benares, dann verbreitete es sich durch ganz Bengalen, und alle Kenner sagten, dies bedeute, daß ein großer Aufstand kommen würde durch Indien hin. Aber woher er kommen würde und warum, das wußte niemand zu sagen.

Denn das Volk der Inder ist ein altes und geheimnisvolles Volk, und niemand weiß Bescheid mit ihm. Es ist wie der Augapfel eines Panthers, von dem man nie weiß, ist er grün oder grau, ist er klein oder groß, ist er nah oder fern.

Als der Aufstand ausbrach, stand auch gleich der ganze Norden des Kaiserreiches in Flammen, und die kleinen Stationen im Innern waren abgeschnitten, und niemand konnte ihnen helfen. Auch Major Mac Kelly war abgeschnitten in seinem Fort Albert, zusammen mit dreißig Mann eingeborener Truppe, acht Mann Bedienung und seiner Frau Sybill.

»Wenn die Aufständischen erst über den Paß zu uns kommen«, sagte Major Mac Kelly zu seinen Leuten, »und wenn wir uns dann drei Tage gegen sie halten, so ist es möglich, daß man uns von Schapur her befreit. Kommen sie aber auf geradem Wege zu uns, so sind wir alle verloren, wie wir sind.«

Aber er glaubte es selbst nicht, daß sie auf dem Umwege über den Paß kommen würden, und wußte es ganz genau, daß von einer Rettung keine Rede mehr sein könne.

Am Abend des 6. kam denn auch die Nachricht, daß die nächste Poststation oben am Berge von den Rebellen genommen worden sei. Das war das sicherste Zeichen, daß sie im Anmarsch waren. Ein Flüchtling berichtete, sie hätten die Station gestürmt, die Besatzung gefangengenommen und den Vorsteher ermordet. Die junge Frau des Vorstehers aber sei von achtzehn Hauptleuten der Aufständischen vergewaltigt worden, von einem nach dem andern.

Als Major Mac Kelly das hörte, nahm er seine Frau beiseite, zog seinen großen Armeerevolver heraus und sagte: »Wenn keine Rettung mehr möglich ist, so ist die letzte Kugel in diesem Revolver für mich; mit der vorletzten aber werde ich dich erschießen, damit du nicht in die Hände dieser unmanierlichen Bestien fällst. Denn ich will, daß du so rein und keusch bleibst, wie ich dich von deinem Vater in Worcester, Worcestershire, erhalten und wie ich dich bewahrt habe.«

Am nächsten Morgen kamen die Aufständischen vor Fort Albert an. Sie heulten in den Wäldern und begannen gleich das Fort mit ihren neuen Infanteriegewehren zu beschießen, so daß es in den Dächern raschelte und knisterte. Major Mac Kelly leitete die Verteidigung drei Tage lang, ließ seine Leute feuern, was sie konnten, um die Angreifer zu verscheuchen, und war Tag und Nacht auf den Beinen. Währenddessen schlich seine Frau Sybill im Hause herum und lauschte auf das Geheul draußen, das da klang wie das Geheul starker und schöner Tiere. Bisweilen, wenn am Mittag eine Pause in dem Schießen war, stieg sie vorsichtig auf einen Stuhl, sah durch das Fenster und über den Wall hinweg und besah sich mit ihrem großen Augenaufschlag die achtzehn Hauptleute, die da draußen herumliefen. Sie waren gelenkig wie die

Tiger und nackt, und ihre Muskeln glänzten in der Sonne.

Als es am vierten Tag klar war, daß das kleine Fort sich nicht mehr länger halten ließ, zog sich Major Mac Kelly den Galafrack an, gab seiner Frau den Arm und führte sie hinauf in den Salon, wo die Bilder Ihrer Majestät der Königin und Seiner Königlichen Hoheit des Prinzen von Wales hingen. Dort zog er den Revolver hervor und sagte: »Jetzt ist es soweit, und jetzt gilt es zu sterben, wie anständige Menschen sterben. Die letzte Kugel ist für mich, mit der vorletzten aber werde ich jetzt dich, mein reines, britisches Weib, erschießen, damit dich diese verdammten Teufel nicht besudeln.« Aber als er den Revolver spannen wollte, legte seine Frau die Hand auf seinen Arm und sagte leise: »Laß, Mac Kelly, erschieß mich nicht.« Er antwortete: »Hast du nicht gehört, wie es der Frau des Stationsvorstehers ergangen ist? Wenn ich dich jetzt nicht erschieße, werden diese wilden Männer dir Gewalt antun.« Da sah sie ihn groß und rein an und sagte: »Ich fürchte mich nicht davor.« Er verstand sie nicht und war ganz fassungslos. Aber sie schmiegte sich an ihn an, schlug ihre Kinderaugen auf, lächelte und sagte: »Sorge dich nicht um mich; ich bin dein reines und keusches Weib gewesen, nicht wahr; vor den achtzehn Hauptleuten aber fürchte ich mich gar nicht; im Gegenteil, es wird vielleicht einmal etwas andres.« Da zuckte er zusammen, ganz leise und unmerklich, wie ein Gentleman zusammenzuckt; ging von ihr fort, setzte sich auf das Sofa und schoß sich allein seine Kugel in den Kopf.

Eine Minute später wurde das Haus gestürmt. Als die achtzehn Hauptleute der Rebellen mit glänzenden Augen in den Salon drangen, fanden sie dort einen toten weißen Mann, der auf dem Sofa lag, und eine schöne junge Frau, die ihnen mit lächelndem Willkommen entgegenging.

All das ist schon lange her. Es war der große Aufstand des Jahres 1881, der der Krone Indien viele Millionen Rupien und Hunderte junger, kräftiger Männer gekostet hat. Sybill Mac Kelly hat sich damals den Aufständischen angeschlossen und immer mit den achtzehn Hauptleuten gemeinsame Sache gemacht. Man nannte sie die tolle Sybill und erzählte sich merkwürdige und grausame Geschichten von ihr. Später ging sie nach Shanghai und hat sich dort in den lustigen Häusern am Hafen umgesehen. Jetzt ist sie längst alt und klug geworden und leitet als erste Vorsteherin die Presbyterian Sunday School in Bombay.

Von den Brüsten

Das Fest ist bis zu den Mandeln und Rosinen gelangt, und um den Tisch rast der Lärm.

Alle sprechen sie zugleich und laut. Am Ende des Tisches schreit eine Dame in Rot laut auf und wirft sich hintenüber. Ein Kristallglas fällt um und zerklirrt, und das Tischtuch trinkt gierig den verscherzten Wein. Zigarettendunst in Schwaden. Einer steht und spricht lachend in den Lärm eine Rede, auf die niemand achtet.

Und du wirst dir nun klar darüber, daß dein Herz zu dem kleinen stillen Mädchen da drüben in Flammen steht. In den Flammen der alten, dummen Liebe. Sie ist nicht schön, die Kleine, schmal und zerbrechlich und von eckigen Schultern. Aber in ihren Augen ist eine Seele, und dieses Auge sieht dich an; eine Seele voll Güte und Geheimnis und Schmetterlings-Flügelschlag. Und sie sieht dich an.

Neben der Seelenvollen sitzt eine Schöne mit enormem Busen und mit festem, rohem Gesicht. Über die streift dein Blick immer nur so hinweg voll Verachtung. Wie ordinär ist diese brutale Fleischlichkeit neben der reinen Kerzenflamme einer Seele. Gar nicht zum Ansehen, so gemein ist diese Vollbusige.

Und es ist gut, daß die Tafel aufgehoben wird, denn nun gehst du zu jener Kleinen, führst sie in einen stillen Winkel, faßt ihre zarte Hand und sprichst mit ihr Worte voll Sanftmut und Güte.

Aber wenn das Fest vorüber ist, liegst du auf deinem Bette und wälzt dich unruhig, und die Träume kommen und spielen mit dir. Sie zeigen dir immer nur das eine, immer nur jenen Busen der Gemeinen, jenen vollen, großen, prallen, strotzenden, rohen Busen.

Denn all unser Wachen ist Lügen, und nur in den Träumen der Nacht wagt sich die Wahrheit vor.

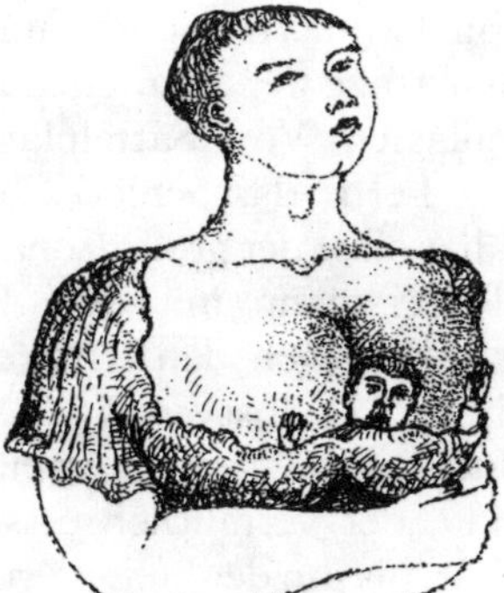

Von Krinolinen und so weiter

Die Rennbahn von Chantilly ist so schön, daß sie auch den zahlreichen Leuten Freude macht, die nichts von den Pferden und von dem Rennsport verstehen. Zunächst einmal ist es schon hübsch, wie diese Bahn so weit draußen liegt, so daß man von Paris aus eine Stunde mit der Eisenbahn durch sommerliche Felder und überhaupt durch die Landschaft dahinfahren muß. Und die ganze Umgebung des Rennfeldes ist groß und voll Erinnerung und kann selbst an heißem Sommertage den Menschen zum Nachdenken veranlassen. Vom Sattelplatz aus sieht man in naher Ferne das Schloß Chantilly daliegen. Dort hat einst der große Condé gewohnt, der wilde Reitersmann mit dem Raubvogelgesicht, der sich gegen den Priester Mazarin aufgelehnt hat und selbstverständlich von dem Priester geduckt worden ist. Es ist ein niedriger, gelblicher Bau, der vermutlich einst sehr fein ausgesehen hat, bis ihn der Herzog von Aumale, der letzte Erbe der Condés, mit einer Erweiterung und Verschönerung bedachte. Man baute einen neuen Flügel an, der jetzt die Hauptfront geworden ist und der mit seinen runden konfektionierten Eckkuppeln so aussieht wie eine nach allen Anforderungen der Hygiene eingerichtete Depositenkasse. Aber selbst dieser Fehler stört nicht in dem Bilde, das groß ist mit unermeßlich weiten Plätzen zwischen den einzelnen Gebäuden; die alten Franzosen wußten, daß das Kostbarste auf dieser Erde die Erde selber ist, und sie verschwendeten großartig damit.

Zu allem diesem Lehrreichen hat man dann auf der Rennbahn selber, an dem Derbytage, die Kostümdamen aus Paris. Da ging beispielsweise ein Fräulein, das trug um ihre schlanken Beine herum ein Dutzend nackter Männer und ebensolcher Frauen. Nämlich so: die Dame hatte einen Rock aus Spitzen, in die ganz große menschliche Figuren, ein Chorreigen antikischer Männer und Frauen eingewebt waren. Das sah nicht eben schön aus, aber es ist vielleicht der erste Anfang einer neuen Kunstmode, die uns weit führen wird.

Noch bedeutenderes Aufsehen machte eine große blonde Dame, die eine Art von grauem Gewebe trug, mit einem gewissen weißlichen Schimmern darunter. Bald merkte das Publikum, daß die Dame nichts anderes anhatte als dieses Gewebe, und daß der weißliche Schimmer darunter ihr holdseliger Leib selbst war. Es gab eine allgemeine Erregung, und ein Herr, der neben mir an dem Gitter der Rennbahn auf der Bank stand, begann, an dieser Dame das heftigste Ärgernis zu nehmen.

»Würden Sie«, sagte er zu mir, »einen Augenblick auf meinen Sommerpaletot achten, mit dem ich diesen Platz belegt habe; ich will nur schnell einmal dahinlaufen und mir die Dame näher besehen.«

Er eilte hin, und ich konnte sehen, wie er die unter grauen Schleiern Schimmernde von allen Seiten in Augenschein nahm. Während dieser Zeit stand ich bei seinem Sommerpaletot Wache, treu, aber ein wenig lächerlich. Erst nach einer Viertelstunde kam er zurück und sagte mir sehr erregt: »Sie hat wahrhaftig außer dem Gazeschleier so gut wie gar nichts an.«

Und während er das sagte, war er ganz rot im Gesicht, und seine Augen glänzten vor Entrüstung.

So hat man an dem Derbytage von Chantilly immerfort etwas zu sehen oder zu schaffen, auch wenn man nach den Rennen gar nicht hinsieht. Daß ein Rennen stattfand, merkte ich eigentlich nur an dem Louisdor, den ich auf das Pferd Listman gesetzt hatte, einen dicken Ackergaul, der dann auch glücklich als Vorletzter angehumpelt kam. Auf Listman aber hatte ich gesetzt, weil sein Jockey eine stahlblaue Jacke trug, welches meine Lieblingsfarbe ist.

Buddha und Napoleon

Wer in die Ausstellung für buddhistische Kunst gehen will, der sollte einen kleinen Umweg durch den Park Monceau machen. Der Park Monceau, der in dem feinsten Viertel von Paris liegt, verdient einen Besuch in dieser Jahreszeit wohl, weil jetzt eine ganze Fülle von Flieder und von Kindermädchen über ihn ausgeschüttet ist. Die Kindermädchen sitzen in Gruppen beisammen, sie haben die Beine angenehm übereinandergeschlagen und unterhalten sich von ihrem respektiven Heimatsort, welcher meistens Bonn a. Rh. zu sein pflegt. Französische Mütter schieben parfümiert den Kinderwagen und lesen im Gehen Maeterlincks Buch »La mort«; und die kleinen Knäblein tragen Matrosenmützen mit der patriotischen Inschrift: H. M. S. Duke of Connaught.

Aus dem Gebüsch aber blickt ein Marmordenkmal des Romanschriftstellers G. de Maupassant und scheint sich noch nicht darüber im klarem, warum man eigentlich gerade ihn in diesen Kindergarten gesetzt hat.

Neben dem Park Monceau steht das Museum Cernuschi, und in diesem Museum ist jetzt durch die Stadt Paris eine Ausstellung buddhistischer Kunstwerke eröffnet, von der nur gesagt werden soll, daß sie ein ganz außergewöhnlich wertvolles Unternehmen ist. Es sind da steinalte

Götterfiguren zu sehen aus den Felsentempeln Tibets und aus lackierten chinesischen Heiligtümern; sie kommen aus der Tiefe der Zeitalter her und heben abwehrend die Hände und schließen die Augen, um dieses Leben nicht zu sehen, das bisweilen doch wirklich recht sehenswert ist. Und vor dem Buddhismus am Park Monceau kommt mir die Erkenntnis, daß die Zugehörigkeit zu dieser Lehre von den jeweiligen Umständen abhängen kann. In düsteren Gegenden und in schwieriger Lebenslage glaubt man dem Meister gern, daß diese Welt unvollkommen ist. Solange ich Abonnent der Großen Berliner Straßenbahn war – mit zweimaligem Umsteigen –, war ich Buddhist. Hier in dem milden Paris fühle ich den Satz, daß alles Leben Leiden ist, weniger eindringlich. (Doch kommt es wohl wieder.)

Schwarze Bronzeschalen, die zwei Jahrtausende vor Christus gegossen wurden; zerbrochene Tiaren; die goldene Figur eines jungen Büßers, ein Lockenkopf, hockt und scheint zu schlafen; durch das Fenster fällt das Sonnenlicht auf ihn, und weil vor dem Fenster ein Baum ist, spielen die Schatten gegenwärtiger Blätter auf seiner Apostelwange. Unter Glas liegen Armringe aus weißem Chalcedon. Solchen Armring aus Chalcedon trug die junge Nanda, als sie am Tage der Erkenntnis dem Meister die Schüssel mit heiligem Milchreis brachte.

Das Schönste an dieser Ausstellung ist, daß

sie so still und einsam ist, namentlich wenn man in der Mittagsstunde hingeht, und wenn nur das Lärmen der Kinder im Park von fern hereinklingt. Zwei junge Französinnen spazieren schlank durch die Säle; sie bleiben vor dem hockenden jungen Büßer stehen und lachen sich holdselig schief.

Im Petit Palais ist eine Kollektion von Werken des Malers Louis David (ich füge der Vorsicht halber hinzu: 1748–1825) und seiner Schule zu sehen. Diese Ausstellung erregt sehr großes Aufsehen, sie wird von der besten Gesellschaft besucht, und David kommt vielleicht wieder in die Mode, so daß dann ein Geschäft mit ihm gemacht werden könnte.

Wenn man seinen Namen hört, denkt man an ein gipsernes Pathos und an die öden Gebärden

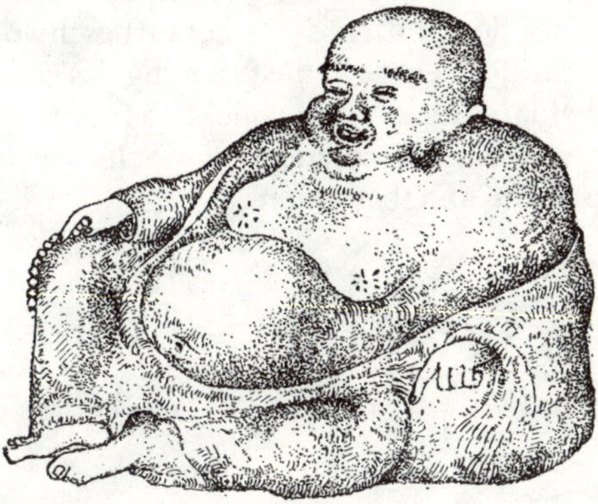

schlechter Römertragödien. Hier in seinen Bildern zeigt er sich menschlicher und voll feiner Empfindung. Namentlich die Porträts sind schön, alle in behäbiger Vorderansicht, alle ein wenig massig aufgebaut und mit pariserischen Launen, die um die Mundwinkel spielen; oder mit dem krankhaften Schmachten, das in jener brutalen Zeit sonderbare Sitte gewesen ist.

Es ist die Maskerade des ersten Kaiserreichs, die da an uns vorüberzieht, ein bißchen schauerlich und ein bißchen komisch zugleich. In wunderlichen Staatsgewändern, die wie uralte Tradition aussehen sollen und die Seine Majestät doch erst vor vier Wochen höchstselbst entworfen haben. Reichsmarschälle, deren Väter Gemüsehändler gewesen waren, tragen immense Federhüte, und die alte Lätitia blickt genauso huldvoll resigniert drein wie eine Kaiserin-Witwe. Alle sind sie kakelbunt, nur er nicht, der den ganzen Spuk heraufbeschworen. Er steckt die Rechte in die Öffnung des schlichten Soldatenrocks und blickt zuversichtlich drein wie ein Mann, dem das Schicksal nun nichts mehr anhaben kann.

Der geheimnisvolle Gürtel

Wahrscheinlich bin ich der Mann, der in diesem Jahr das billigste Weihnachtsgeschenk gekauft hat. Das billigste Weihnachtsgeschenk war ein Damengürtel, der nur zwei Mark gekostet hat.

Das heißt: ich weiß gar nicht, ob es wirklich ein Damengürtel ist. Auch habe ich ihn schließlich niemandem zu Weihnachten geschenkt. Das einzig Sichere ist, daß ich zwei Mark dafür bezahlt habe.

Ich fand diesen Gürtel im Warenhaus in der Kurzwarenabteilung, also dort, wo Hosenträger und Strumpfbänder verkauft werden. Da lag auf dem Tisch eine Menge von Gegenständen, die aussahen wie Gürtel. Jeder einen Meter lang und handbreit, aus schwarzer oder weißer Gaze, mit einem feinen Geglitzer bestreut, das mir für die festliche Weihnachtsstimmung ganz vorzüglich zu passen schien.

Über dem Tisch war eine Tafel mit der Preisbezeichnung 2.00 angebracht. Zwei Mark mußte natürlich Unsinn sein, der Punkt war zuviel, und es sollte zweihundert heißen. Aber als ich das Fräulein auf diesen Irrtum aufmerksam machte, sagte sie, es sei schon ganz richtig, die Sachen kosten zwei Mark.

Daraufhin habe ich mir einen dieser Gürtel gekauft. Erstens, weil das Gefühl, etwas für zwei Mark zu kaufen, zu meinem Gemütsleben sprach. Zweitens, weil vor meinen Augen das Bild einer üppigen Brünetten auftauchte, die ich kenne und der dieser Gürtel vielleicht Freude machen könnte, vorausgesetzt, daß sie nie erfährt, was er gekostet hat.

An der Kasse dauerte es fünf Minuten, bis man mir auf einen Zehntausendmarkschein 9998 Mark herausgegeben hatte.

Aber nun ergab sich eine Schwierigkeit insofern, als niemand sagen konnte, was das nun eigentlich für ein Gegenstand sei. Ein Bekannter meinte, die Damen täten sich so etwas unten an den Mantel, damit er besser sitze. Andere glaubten, es sei eine Krageneinlage oder etwas, was die Damen unter dem Pelz befestigen. Die weibliche Garderobe ist ja so reich an verborgenen Geheimnissen.

Deshalb habe ich auch lieber darauf verzichtet, der üppigen Brünetten meinen Gürtel

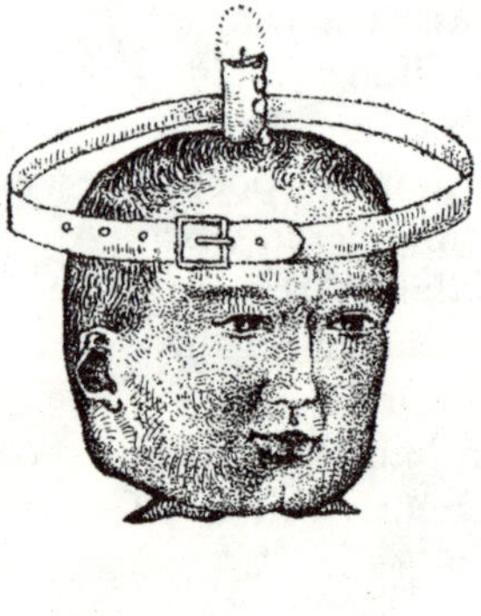

zu schenken. Vielleicht ist es ein Büstenhalter, und sie faßt das dann als einen Annäherungsversuch auf.

Ich werde mir den Gürtel aufheben zur Erinnerung daran, daß es auch in dieser Weihnachtszeit möglich war, ein billiges und praktisches Geschenk zu kaufen.

* * *

Das ist der Frühling des Frühlings, und aller Welt sei geraten, sich diesen Vorgang zu besichtigen; denn er ist erstaunlich schnell wieder vorbei, und er ist das Wichtigste, was man jetzt sehen kann, wichtiger noch als der Massenfilm »Das Weib des Pharao«.

Dabei kostet es gar nichts, wie ja überhaupt die wertvollsten Dinge dieser Welt umsonst zu haben sind.

Eine Bierrede

Der Erzbischof von München, Kardinal Faulhaber, hat in München eine Rede über das Vollbier gehalten.

Nun, so möchte man meinen, daran ist nichts Besonderes. Worüber soll ein Erzbischof von München denn sonst reden? Man spricht von dem, das man vor sich hat, und wes das Herz voll ist, des geht der Mund über, sagte Martin Luther, der allerdings die lutherische Religion erfunden hat, aber doch noch manches Bischöfliche an sich hatte.

Und das Herz der Münchener ist seit dem ersten August, wo man welches kriegte, voll von Vollbier.

Aber so war es mit der Rede des Herrn Faulhaber nicht. Der Kardinal Faulhaber hat gegen das Vollbier gesprochen; er verabscheut es; er hat, wenn man so sagen darf, dem Vollbier den Fehdehandschuh ins Gesicht geworfen. Er sagte nämlich: es ist traurig, daß wir Münchener den Berlinern die Verrücktheit mit dem Vollbier nachgemacht haben.

Und hierüber möchten wir doch um einige Auskunft gebeten haben.

Erstens: warum ist Vollbier eine Verrücktheit? Vollbier ist, wenn man nicht mehr als vier bis fünf Maß trinkt, das Gegenteil von Verrücktheit, es ist Besonnenheit, Bürgersinn, angestammte Treue. Vor dem Kriege haben die Bayern ja unermeßlich viel Vollbier getrunken und sind gerade deshalb der biederste unter den Stämmen Deutschlands gewesen. Rabiat wurden sie erst, als das Dünnbier kam. Das sind geschichtliche Tatsachen.

Dann aber: was will Herr Faulhaber von uns Berlinern? Wie kommt er dazu, uns das Vollbier in die Schuhe zu schieben? Also das wird immer feierlicher: jetzt haben wir die Münchener zum Biertrinken verführt; wir haben die Oktoberwiese erfunden und den Urbock.

Man versteht ja ungefähr, was gemeint ist. Der Herr Faulhaber ist ärgerlich darüber, daß das Vollbier so teuer ist und daß seine Münchener das schöne Geld für solchen Luxus ausgeben. Er hat also in gewissem Sinne recht.

Aber da gibt es, meine ich, doch noch viel schlimmere Verschwendungen, die eine Er-

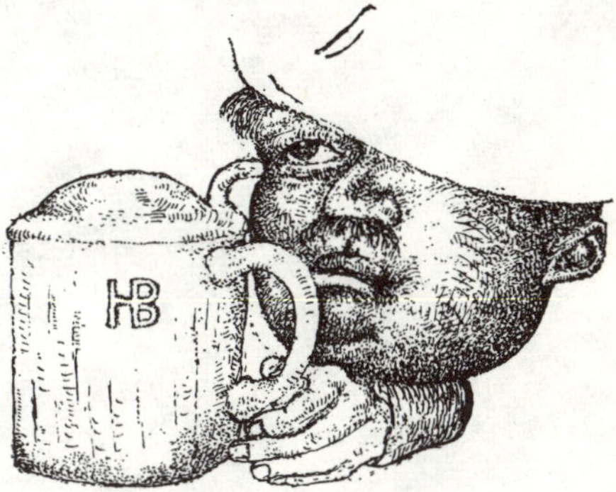

mahnung verdienten. Beispielsweise: der Herr Kardinal hielt seine Rede zu einem Fest, dem der ganze frühere Hof beiwohnte: König, Kronprinz, Prinzen, alle in ihren bunten Jacken, Galakutschen, Lakaien, Hurra.

Da hätten wir ja gleich ein hübsches Thema, Eminenz. Denn das ist eine Verrücktheit, die auf die Dauer viel kostspieliger und noch gefährlicher werden kann als die paar Seidel Bier.

Das Frühstück der Klio

Nicht ohne tiefe Bewegung liest man in der Zeitung die Nachricht, daß ein Gelehrter im Begriffe ist, eine Weltgeschichte der Kochkunst zu schreiben. Dieses Buch dürfte interessanter werden als die politische Geschichte mit ihren vielen Daten und auch als die Literaturgeschichten, die meistens von Germanisten verfaßt und deshalb in so beklagenswertem Deutsch geschrieben sind.

Wenn ich die Kochkunst für so wichtig ansehe, braucht das nicht als Frivolität ausgelegt zu werden.

Niemand anders als der große Karl Marx hat die Lehre aufgestellt, daß alle historischen Vorgänge durch wirtschaftliche Beweggründe zu erklären seien. Alles was in den Jahrhunderten geschah, sei also auf unseren Magen und seinen Appetit zurückzuführen.

Diese Lehre geht vielleicht zu weit. Außer der Freßgier haben noch andere Regungen des menschlichen Gemütes, die Raubsucht, Mordgier, Rachsucht und der religiöse Wahnsinn an dem Gewebe der Geschichte mitgewirkt. Deshalb hat dieses Gewebe ja auch den köstlichen Schimmer von Altgold, der den Kenner entzückt.

Aber für die meisten Kriege und Reichsgründungen stimmt es in der Tat, sie sind nur

Manipulationen zur Herbeischaffung des Eßbaren gewesen, gewaltsame Einkäufe für die Küche. Also beispielsweise der dritte Punische Krieg ist nicht viel anderes, als wenn ich in ein Feinkostgeschäft gehe und mir ein halbes Viertel Landleberwurst kaufe. Nur daß in dem dritten Punischen Krieg alles viel ruhmvoller verlaufen ist als bei mir und meiner Leberwurst.

Wer aber verstehen will, daß Speise und Trank auch auf die Entwicklung der Geister einzuwirken vermögen, der erwäge gütigst einmal, welch ein Wandel durch die Einführung von Kaffee, Tee und Schokolade vollzogen worden ist. Die europäische Menschheit des 17. Jahrhunderts war daran, in Fraß und Völlerei zugrunde zu gehen; die Porträts der Reformationszeit und des Dreißigjährigen Krieges zeigen das; es sind die Bilder gedunsener Wänste.

Da wurden aus dem Osten diese drei feinen Getränke gebracht, und nun ergab sich ein zierliches Gesellschaftsleben im Kabinett der Damen um die Tassen aus Porzellan, das jetzt erst erfunden zu werden brauchte und auch wirklich jetzt erst erfunden worden ist.

Der Esprit und die glatte Philosophie des 18. Jahrhunderts sind durch diesen Wechsel des Menüs zu erklären, freilich aber auch die Revolution, die, wie Edmond de Goncourt sagt, aus den Caféhäusern des Palais Royal hervorgegangen ist.

Jeder sieht, was eine Geschichte der Kochkunst werden kann, wenn sie in solche Weiten um sich greift.

Oder: in der Schule haben wir gelernt, daß die Griechen vor Troja zogen, weil sie die Helena zurückholen wollten; weil sie ohne die schönste Frau einfach nicht zu leben vermochten. Jetzt sagt die Geschichtsforschung, daß die griechischen Politiker diesen strategisch wichtigen Platz besetzen wollten, der die Getreidezufuhr aus Südrußland beherrschte.

Wer recht hat, ist schwer zu entscheiden, denn es ist lange her seitdem. Aber die ganze Weltgeschichte bekommt ein anderes Gesicht, je nachdem was an ihrem Urbeginne steht: ob der männermordende Kampf um die Tochter der Leda oder eine Expedition zur Herbeischaffung von Weizensäcken.

Revolutionäre

Ganz unpolitisch muß zu dem Sozialistenkongreß eine Anmerkung wiederholt werden, die schon vor zwei Jahren in Bern gemacht werden konnte: nämlich, daß der Sozialismus eine immer elegantere Sache wird. Bei den Engländern wenigstens, den Belgiern, Dänen. Die Deutschen sind schon durch die Valuta vor Geschmacklosigkeiten gesichert.

Also diese englischen Kohlenarbeiter, die zum Kongreß nach Genf kamen, wohnten einfach im Hotel Beaurivage. Dieses Hotel, das im Baedekker an erster Stelle steht mit einem Sternchen, liegt am Quai und hat eine Terrasse nach dem See zu. Wenn jetzt die einfachen Bürgersleute des Abends vorübergingen, konnten sie zu diesen Grubenarbeitern aufschauen, die in Rocking Chairs lagen und ihren Mokka schlürften.

Wie die Herren dort untergebracht waren, kann ich nicht schildern, da ich nur selten in so vornehmen Hotel gewesen bin und sie nicht sehr liebe. Diese großen Häuser sind in allen Ländern langweilig, dieselben, wie sie überall dieselben Namen tragen. Wer das Reisen als ein Abenteuer genießt, der gehe an den Palaces vorüber und suche die alten, guten, verhutzelten Gasthöfe, die in Deutschland etwa »Zur Post« heißen, in Frankreich »Au grand Roi« und in

Rom »Albergo Santa Chiara«. Da findet er die Nationalspeisen des jeweiligen Städtchens, ein stilles Zimmer mit Stahlstichen an der Wand und manchmal auch ein Stubenmädchen voller Trost.

Doch ist zu verstehen, daß Kohlenarbeiter, die Kongreßdelegierte sind, etwas auf sich halten müssen. Man bezeichnete das unter der alten Herrschaft mit dem Fremdwort Repräsentation, und man wird es vermutlich noch lange so bezeichnen. Auch wenn die Bolschewisten einmal drankommen.

Übrigens hat dieses Hotel eine Geschichte. Im Herbst des Jahres 1898 wohnte hier eine Dame, die immer tief verschleiert ging und sich im Fremdenbuch mit einem einfachen adligen Namen eingeschrieben hatte; in Wahrheit aber war es Elisabeth, Kaiserin von Österreich, Königin von Ungarn, Böhmen, Galizien und von Jerusalem.

Und draußen unter den Fenstern lauerte der Revolutionsmann und wartete auf seine Stunde. Der sagte sich in seinem finstern und engen Sinn: wie kommen die feinen Damen und Herren dazu, sich dort oben breitzumachen; warum ich nicht auch, ich und meine Brüder. Und als die arme, verschleierte Frau aus der Tür trat, stieß er ihr sein dummes Messer ins Herz.

Niemand denkt daran, die Männer ehrlicher

Arbeit mit solchem Unhold irgendwie in Beziehung zu bringen. Aber es liegt da doch ein Umschwung vor, der sich klar abzeichnet wie ein allegorisches Gemälde: Kaiserinnen gibt es nicht mehr; und in den Korbsesseln, in denen sie thronten, wippen jetzt die Vertreter der sozialen Schicht, die damals in der tiefsten Tiefe lag.

Wie lange ist es denn her, daß die Sozialisten Revolutionäre waren und der Bürger sich bei ihrem Namen entsetzte? Umstürzler, Abscheu der Menschheit, vaterlandslose Gesellen, so wurden sie geschimpft, und sie selbst nannten sich die Enterbten und Ausgestoßenen.

Jetzt sitze ich hier im Büfett des Saales von Plainpalais, wo der Kongreß stattfindet, es ist Nachmittag, und die Sozialisten sowie die Sozialistinnen sind mit ihrem Tee beschäftigt. Und die kuriose Frage drängt sich auf: Wenn ich nun nicht wüßte, wo ich bin, wenn ich plötzlich hierher versetzt wäre, auf was würde ich raten? Nun, bei Gott und allen seinen Heiligen, nie würde mir der Gedanke kommen, daß ich hier unter den Enterbten der Gesellschaft bin. Geheimrätliche Gesichter glänzen, runde Bäuchlein bewegen sich zierlich, und brillantengeschmückte Damenhände halten die Zigarette. Die ernste, schlichte Tenue der Deutschen wirkt wohltuend; aber schließlich trägt auch Herr Scheidemann keine Ballonmütze, die ihn übrigens vermutlich gar nicht kleiden würde.

Sie sind halt jetzt an der Reihe, oben zu sein, sind Staatssekretäre, Minister, Gesandte, Staatsoberhäupter gar, sie haben die Macht und müssen sich nun natürlich gleich gegen eine neue Revolution wehren, die von links andrängt. Fast die ganze Arbeit des Kongresses erschöpfte sich in der Abwehr des Bolschewismus, und dabei wurden Reden gehalten, die merkwürdige Erinnerungen erwecken. Da wurde der Umsturz verurteilt und Umstürzler gebrandmarkt, von Staatserhaltung gesprochen, und wörtlich sagte es Herr Molkenbuhr, daß der Fortschritt nicht durch gewaltsame Katastrophen herbeizuführen sei, sondern durch Ausbau des Bestehenden und durch Anknüpfen an die Zustände der Gegenwart. So hat vor fünfundzwanzig Jahren Wilhelm II. gegen die Molkenbuhrs gesprochen, jetzt spricht Herr Molkenbuhr so gegen die Bolschewisten, und in weiteren fünfundzwanzig Jahren werden die Bolschewisten so gegen das reden, was dann aus roten Fernen aufgedämmert sein wird.

Einmal erhielten wir lästigen Besuch. Arbeiter aus Genf drangen in den Saal ein und besetzten die Tribünen; wirkliche Arbeiter das, mit festen Fäusten, mit Automobilmützen und ohne Stehkragen. Und sie wollten mitmachen, lärmten und brachten Vivats aus auf die Revolution, wie sie sie meinen.

Selbstverständlich wurden diese unmanierlichen Leute, die nichts auf einem Sozialistenkongreß zu suchen hatten, schleunigst an die Luft gesetzt, und sie waren sehr böse darüber. Aber sie sollten klug sein und sich ein wenig in Geduld fassen. Ein Menschenalter nur, und sie werden selbst in bequemen Kongreßsesseln sitzen mit runden Bäuchen und mit goldenen Uhrketten darüber und werden über die Erhaltung des Staates beraten. Dann wird auf der Tribüne oben eine neue Revolution rumoren, die wir heute noch nicht kennen, die aber kommen wird, so sicher, wie die Natur ewig ist.

Aus der Tiefe der Geschichte steigen die

Wellen auf, eine nach der anderen. Und wenn die eine krachend zusammenbricht zwischen den Kieseln der Küste, keine Sorge, da kommt schon die nächste, der es bald ebenso ergangen sein dürfte.

Lob der Langsamkeit

»Sie brauchen sich nicht zu beeilen«, sagte ich in Potsdam zu dem Droschkenkutscher, »wir haben Zeit.«

Der Droschkenkutscher drehte sich auf seinem Sitz um und sah mich an; er war ein alter Mann und lachte über das ganze Gesicht: »So etwas«, sagte er, »so etwas hat mir in meinem ganzen Leben noch kein Mensch gesagt. Nun fahre ich hier in Potsdam schon vierzig Jahre; aber immer soll es schnell gehen, weil die Herrschaften immer mit dem Zuge von 5 Uhr 45 Minuten zurück wollen.«

Es gibt also Herrschaften, die im Potsdamer Park an den Zug von 5 Uhr 45 Minuten denken; auf den großen schlafenden Terrassen der Orangerie.

Aber was für Herrschaften gibt es nicht alles! Ich habe zum Beispiel einmal einen Menschen gesehen, der aß Austern und las dabei die Abendzeitung.

Kommende Historiker und Spenglers werden das vielleicht einmal erkennen, daß die Not dieses neunzehnten und zwanzigsten Jahrhunderts durch die Überschätzung der Schnelligkeit zu erklären ist.

Die vierundzwanzig geräumigen Stunden des Tages genügen uns nicht zur Abwicklung meist erbärmlicher Geschäfte, und am liebsten möchten wir Zeit stehlen. Als höchstes Gut gilt der Epoche die Eile, die immer ein Zeichen niedriger und gewinnsüchtiger Natur ist.

Von dem Kardinal Sainte-Foix erzählt man diese Anekdote: Er erging sich einst, begleitet von seinen Kaplänen, im Parke, als ein gewaltiger Platzregen niederstürzte. Die Kapläne rafften ihre Röcke hoch und stürzten nach einer Säulenhalle, wo sie gesichert waren; von dort riefen sie dem Kardinal zu: »Hierher, Eminenz, laufen Sie, Sie werden ganz naß.«

Sainte-Foix erwiderte: »Ein Kardinal läuft nie«, und er schritt langsam zu der Säulenhalle; naß, aber ein Kardinal.

Seien wir Kardinäle, Freunde und Freundinnen, auch wenn das Geschäft darunter etwas leiden sollte.

Studie über Schneeglöckchen

»Was kostet dieser Strauß Schneeglöckchen?« fragte ich das schöne Fräulein in dem Blumenladen.

Das schöne Fräulein sah mich einen Augenblick prüfend und abschätzend an. Dann antwortete sie: »Diese Schneeglöckchen kosten tausend Mark.«

In dem Strauß befanden sich fünf Schneeglöckchen. Und wenn mich meine Erinnerung nicht täuscht, wachsen Schneeglöckchen bei jeder Witterung wild, so daß man sie sich holen kann. Ich habe deren oft in den königlichen Gärten gepflückt, wenn kein Wärter in der Nähe war.

»Warum sind denn die Schneeglöckchen so teuer?« fragte ich. »Das Petroleum und die Margarine sind doch gerade im Preise heruntergegangen.«

Das schöne Fräulein antwortete nicht, sondern ließ mich ruhig ausreden.

»Wenn fünf Schneeglöckchen tausend Mark kosten«, fuhr ich fort, »so kostet ein Schneeglöckchen zweihundert Mark. Für zweihundert Mark aber kann ich durch die ganze Stadt zweiter Klasse fahren oder mir ein halbes Viertelpfund Harzer Käse kaufen.«

So rechnete ich noch eine Weile weiter, bis mir auffiel, daß ich in diesem Blumenladen der einzige war, der sprach. Um mich waren Hyazinthen, Krokus in den Farben der Morgenröte, Maiblumen voller Keuschheit und ein Weib, schön und falsch wie Eva in Eden. Und zwischen alledem stand ich mit meiner Aktentasche und redete über Petroleum.

Da habe ich die Schneeglöckchen genommen und bin auf die winterliche Straße gegangen. Wir sollten von solchen Dingen nicht so viel sprechen, denn offenbar herrscht auch in dieser ökonomischen Krisis das große Gesetz vom Angebot und der Nachfrage weiter fort. Was die Menschen schätzen, ist teuer, was niemand will, ist billig.

So stand da zum Beispiel an der Ecke ein Wagen, dessen Besitzer Abfälle einkaufte: und auf einer Tafel waren die Preise angeschrieben: »Zahle pro Kilo für Lumpen fünfhundert Mark, für Bücher hundert Mark.«

Also wieder das alte Gesetz: was die Menschen schätzen, ist teuer; und billig ist nur, wovon niemand etwas wissen will.

Ein versäumtes Geschenk

Alle sechs Monate begebe ich mich zu der Metallverwertungsstelle in der Gasteiner Straße und verkaufe dort die Bordeaux- und Kognakflaschen, die ich im Verlauf dieser sechs Monate ausgetrunken habe; außerdem das Stanniol von der Schokolade. Es kommt immer so zwischen einem halben und dreiviertel Kilo zusammen.

Diesmal, jetzt in der Weihnachtswoche, erhielt ich eine ungewöhnlich hohe Summe, fünfhundertfünfzig Mark; sei es nun, daß der Preis für Blei und Stanniol stark gestiegen ist, sei es, daß ich in dem letzten halben Jahre mehr Bordeaux getrunken habe als sonst, was beides gleichermaßen möglich und wahrscheinlich ist.

Mit mir befand sich in dem Laden eine ärmlich aussehende Frau, die eine kleine Uhrkette zum Verkauf anbot. »Entschuldigen Sie«, sagte sie zu dem Händler, »es ist nur, weil ich dem Jungen ein Geschenk zu Weihnachten kaufen möchte; wieviel geben Sie für diese Nickelkette?« Der Händler besah sich die Kette und erwiderte: »Das ist überhaupt kein Nickel, das ist Messing; dafür kann ich gar nichts geben; zehn Mark vielleicht, aber mehr nicht.« Damit warf er der Frau die Uhrkette auf den Ladentisch hin.

Die Frau und ich verließen gleichzeitig den

Laden. Sie, um in die Wohnung zu gehen, in der es zu Weihnachten für den Jungen kein Geschenk geben wird; ich, um mein unwürdig genug gewonnenes Geld so bald wie möglich sinnlos wieder zu vertun.

Und erst eine halbe Stunde später ist es mir eingefallen: ja, du lieber Gott, warum habe ich da auf der Straße zu dieser Frau nicht gesagt: »Junge Frau, zeigen Sie einmal die Kette her; merkwürdig, gerade so eine Kette aus Messing suche ich; darf ich mir erlauben, Ihnen fünfhundertfünfzig Mark dafür anzubieten?«

Warum habe ich das nicht gesagt? Aber so ist das mit uns Alkoholikern: wir haben ein goldenes Herz; die guten Einfälle jedoch kommen uns immer eine halbe Stunde zu spät.

Und nun fürchte ich, daß mir das ganze Weihnachtsfest keine rechte Freude mehr machen wird.

Das neue Paradies

Gottvater sprach vor sich hin in seinen langen Bart: »Du lieber Gott, wie war doch das Paradies so nett, das ich damals in Zentralasien (nach einer anderen Erklärung allerdings am Kaukasus) angelegt hatte. Mit den gefleckten Hirschkühen, den Tauben und den Wachteln, die einen kleinen Schopf auf dem Kopf haben. Auch die Obstbäume waren gut geraten, neben die ich eine Tafel gesetzt hatte mit der Aufschrift: ›Es ist streng verboten, Früchte abzupflücken.‹ Alles war so sauber und die Wege mit Kies bestreut, und Sonntag die ganze Woche. Wie schade, daß dieses zweideutige Lumpenpack mir alles verdorben hat.«

So sann der liebe Gott lange seinen Erinnerungen nach. Und weil er schon alt ist und immer etwas eigensinnig war, deshalb sagte er zu sich: »Und nun mache ich mir justament erst recht ein neues Paradies, genau so wie das vorige; aber dieses Mal lege ich es vorsichtshalber mehr abseits.«

Er streckte seine ambrosische Hand über die unermeßlichen Gewässer des Ozeans; und schon tauchte aus den Abgründen triefend eine große Insel auf mit blauen Bergen und hohen Felsen. Und gleich bedeckte diese Insel sich mit Wäldern von Kampferholz; Gewürzpflanzen wucherten in den dampfenden Tälern, Bananen und

Ananas waren schon reif, und Tiere mit unerhörtem Pelzwerk jagten über die Lichtungen. In den Abhängen der Berge aber schimmerten die Adern und Schwaden schiersten Silbers.

Als alles fertig war, legte Gottvater eine Morgenröte darüber, wie noch nie eine da war; und um alle Küsten des neuen Paradieses ringsherum sangen die Brandungen das Lob des Herrn. Wie damals betrachtete er alle Dinge und fand, daß es gut sei.

Zwei Tage später fuhr an der Ostseite der Insel das englische Kanonenboot »Arrogant« vorüber. Der Kommandant, Capt. Buller, erkannte, daß er ein neues Land vor sich hatte, landete, hißte den Union Jack und nannte die Insel »Queen Marys Land«.

Gleichzeitig fuhr an der westlichen Küste der französische Passagierdampfer »Bossuet« vorüber, der eine Operettengesellschaft nach Valparaiso brachte. Der Kapitän erkannte, daß er ein neues Land vor sich hatte, landete, hißte die Trikolore und nannte die Insel »Ile de la Fraternité«.

Schiedsgericht. Ultimatum. Gasangriff. Stacheldraht. Handgranaten. Schützengräben. 14 Punkte. Trommelfeuer. Blockade. Jugoslawien. Mitrailleusennester. Generalquartier. Unterstand. Schwimmende Minen. Ledererersatz. Kriegsgewinnler. Tanks. Weißkohl. Spartakisten. Feldprediger. Läuse. Kriegskorrespondenten. Brotkarten. Fliegerangriff. Papierhemden. Unterseeboote. Galgen. Spanische Grippe. Erzberger.

»Hol es der Henker», rief Gott, »jetzt ist meine Geduld zu Ende; der ganze Planet muß weg, zerschmissen muß er werden, sonst verschandelt er mir die Schöpfung.« Und in furchtbarem Grimm ballte er die Faust und hielt sie über die kleine braune Kugel, die da zischend und knisternd und schwelend und stinkend durch den Äther zog.

Aber er schlug nicht zu, sondern streckte die Hand wieder in die Hosentasche, und seine Miene wurde milder. »Nein«, sprach er vor sich hin, »man muß sich alles überlegen. Es wäre schade um die Schmetterlinge.«

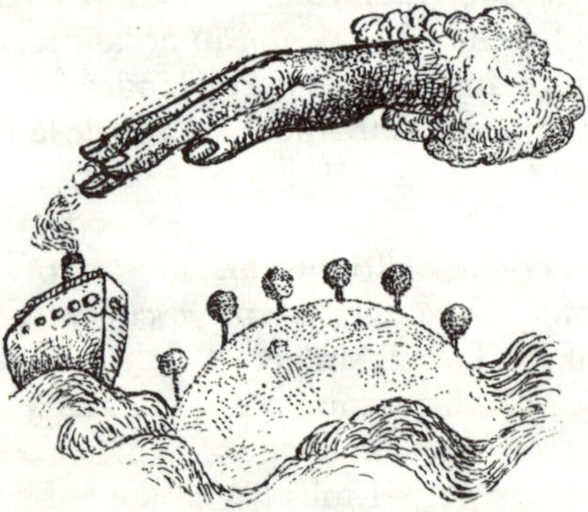

Wie ist das Wort . . .?

Es war zu Anfang des sechzehnten Jahrhunderts, daß die urnenförmigen Hofzwerge in Mode kamen. König Franz von Frankreich hatte einen, der Heilige Vater in Rom einen anderen. Und diesen großen Herren machten die kleinen Fürsten die Mode nach, wie das immer so mit den Moden der Fall zu sein pflegt in allen Zeiten.

Diese Mode der urnenförmigen Zwerge aber war aus dem klassischen Altertum – worüber Cardanus berichtet – übernommen worden, und zwar bereitete man die urnenförmigen Zwerge nach folgendem Rezept. Bald nach der Geburt des zu diesem Zweck bestimmten Kindes nahmen es die Eltern in Arbeit und begannen vorsichtig die Knochen zu biegen und das Fleisch zu kneten, damit der Körper die erforderliche Schmiegsamkeit erhalte. War das Kind vier Jahre alt, so zwängte man es in ein Korbgeflecht, das ungefähr die edlen Formen einer griechischen Amphora andeutete. In diesem Behältnis wurde das Kind fest eingeschnürt und blieb nun darinnen jahrelang; auch gab man ihm Branntwein zu trinken, um das Wachstum zu hindern, und so quoll das Körperchen ganz in die gewünschte Form hinein, bis es schließlich einer kleinen wandelnden Urne auf das zierlichste und amüsanteste glich. Auch der erlauchte Herzog Herkules I. von Ferrara kaufte sich einen solchen Zwerg, und dieser Zwerg, der den Namen Polidoro führte, war in seiner Art wohl das Vollendetste. Sein Bäuchlein und der gekrümmte Rücken bildeten eine wohlgerundete Kugel, und oben sah flaschenförmig lang der Kopf heraus, den die Eltern durch eingeritzte Linien ganz in dem Stile der besten etruskischen Vasen zu verzieren sich befleißigt hatten. Der Anblick war sehr belustigend, so daß der Preis von tausend Skudi, den Herzog Herkules den beglückten Eltern zahlte, durchaus nicht zu hoch bemessen schien.

Doch stellte sich bald heraus, daß man sich in dem Geschäft immerhin ein wenig verrechnet hatte. Polidoro war nämlich gewiß sehr scherzhaft anzusehen, aber es fehlte ihm alle Munterkeit und jener Reichtum witziger Einfälle, den man von einem Hofzwerge erwarten kann. Es war ein gar trübseliger Narr, der kopfhängend die Einsamkeit suchte und seinen Gedanken nachhing. Er blieb stets schweigsam, und wenn er bei Tisch herumging, so stand er stumm und verlegen vor den schönen Damen, die er durch einen Witz hätte erfreuen sollen. Auch die ihm reichlich erteilten Fußtritte vermochten nicht, ihn zu ermuntern, und selbst als der Herzog ihn zwei Monate lang in den Block spannen ließ, konnte er auch dadurch nicht zu größerer Scherzhaftigkeit bewogen werden.

Dagegen mußte der Hof von Ferrara bald die Entdeckung machen, daß der neue Hofzwerg sehr ernsthafte und wissenschaftliche Neigungen und Fähigkeiten bekundete. Dieses urnenförmige Männchen las die schwierigsten Traktate und Folianten und war imstande, mit den Gelehrten Ferraras über Literatur und Lebensweisheit zu sprechen, daß diese Herren ganz außer sich waren vor Erstaunen. Auch korrespondierte er über die Dialoge des Plato mit dem berühmten Pietro Bembo in Venedig und veranlaßte diesen großen Gelehrten zu dem Ausspruch, man habe es hier vielleicht mit einer äsopischen Mischung edelsten Geistes und verächtlicher Körperform zu tun.

Das größte Erstaunen aber erregte es, als dieser sonderbare Bursche ganz plötzlich auch noch eine starke poetische Fähigkeit bekundete. Und zwar erwachte die Poesie bei ihm in dem Augenblick, als der Urnenförmige sich unterfing, zu der Hofdame Olimpia in heftiger Liebe zu entbrennen.

Die Olimpia war eine Kammerdame der Frau Herzogin und wegen ihres schönen Körperwuchses bei den Hofleuten wohlgelitten, obgleich es ihr eigentlich sonst an allen edleren Gütern des Geistes gänzlich gebrach. Man konnte sie wohl einfach töricht nennen, denn sie lachte maßlos bei jeder Gelegenheit und wußte sonst nicht viel zu reden. Aber man sah darüber hinweg, weil sie die wunderbarsten Arme hatte, die sie in richtiger Einschätzung ihrer Machtmittel meist nackt zu tragen beliebte.

In diese bedenkliche Person verliebte sich nun der arme urnenförmige Polidoro ganz zügellos und begann sofort seine Leidenschaft in einer Flut von Liedern auszuströmen. Es waren das Kanzonen, in denen er sein ganzes Herz in die Höhe quellen ließ und von denen die meisten darauf ausgingen, daß Dame Olimpia um eine Zusammenkunft auf der abendlichen Gartenterrasse des Palastes beschworen wurde. Und so stark waren diese Lieder, daß sie das größte Aufsehen machten und bald durch ganz Italien kursierten, durch alle Höfe bis an den Stuhl des Papstes in Rom. Denn es regte sich in Polidoros Versen ein so adliger Sinn, ein solcher Ernst und eine solche Schönheit der bittenden Gebärde, daß es in jenem Zeitalter der zärtlichen Liebesspielerei wohl auffallen konnte. Wer solche Verse las, der glaubte einen weißen Taubenschwarm an einer hohen Säulenhalle vorüberfliegen zu sehen, weich, weit und kühl.

Alle diese literarischen Vorgänge waren nun gewiß bemerkenswert und wurden von dem ferrarischen Hofe mit dem größten Interesse verfolgt, aber man konnte sich doch nicht recht verhehlen, daß dieses nicht eigentlich die Tätigkeit sei, die man von einem urnenförmigen Hofzwerge zu erwarten berechtigt war. Zur Anfertigung verliebter Gedichte waren die amtlich angestellten Hofpoeten da, die wahrhaftig teuer genug bezahlt wurden. Hatte man aber tausend Skudi für einen Zwerg ausgegeben, so konnte man von diesem billigerweise einige Erheiterung verlangen. Bei aller Hochachtung vor seinen prosodischen Leistungen sammelte sich deshalb doch einige Mißstimmung gegen Polidoro, und er war im besten Zuge, in die allerhöchste Ungnade zu fallen, als gerade im richtigen Augenblick doch noch eine hochkomische Eigenschaft an ihm entdeckt wurde.

Der Page Duccio machte nämlich die Entdeckung, daß, wenn man den Zwerg Polidoro mit der Peitsche hieb, er zu bellen begann wie ein kleines Hündchen. Und das kam so heraus. Als eines Tages in der Mittaghitze die Pagen des herzoglichen Hofes im Garten beisammensaßen

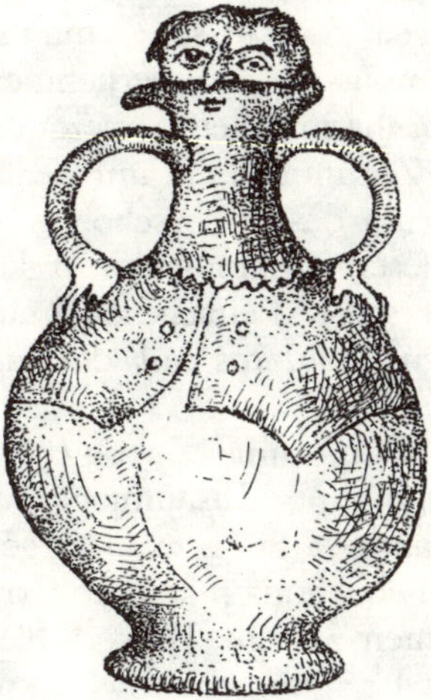

und Polidoro wieder traurig und ernst zwischen ihnen stand, war der muntere und stets auf übermütige Streiche bedachte Duccio auf den Einfall gekommen, den kleinen Sonderling mit der Reitpeitsche zu bearbeiten, um ihn etwas zu beleben. Kaum aber hatte der närrische Kerl die ersten Hiebe weg, da war er herumgehüpft und hatte ein lautes gellendes Gebell ausgestoßen. Es sollten wohl Klagerufe sein, aber sie klangen genau so wie das Gekläff eines kleinen ärgerlichen Hundes, so daß die jungen Leute sich nur so bogen vor Lachen.

Das Gerücht von dieser spaßhaften Fähigkeit Polidoros verbreitete sich bald, und man beschloß, die neue Erfindung dem herzoglichen Hofe auf eine möglichst artige Weise vorzuführen. Zu diesem Zwecke setzte man sich mit der Dame Olimpia ins Einvernehmen und bestimmte sie, ihrem tollen Anbeter endlich jenes abendliche Zusammensein auf der Terrasse zu bewilligen, um das er so schön gebeten hatte. Und bei dieser Zusammenkunft könnte dann Duccio mit seiner Peitsche eingreifen und die Bellfähigkeit Polidoros auf das zierlichste in Szene setzen.

Als der urnenförmige Zwerg erfuhr, daß die Olimpia ihm eine Zusammenkunft auf der Terrasse gnädigst zu gewähren gesonnen sei, scheint nun eine ganz mächtige Erregung über ihn gekommen zu sein. Er verschloß sich, um sich auf das Ereignis gebührlich zu präparieren, und man weiß es, daß ihn eine Angst befiel bei dem Gedanken, welches Wort er wohl zu dieser göttlichen Person in so außerordentlicher Stunde sagen dürfe. Welch Wort aus all dem Wohllaut seiner Sprache reich genug sei, ihr gesagt zu werden unter den abendlichen Myrtenbäumen der herzoglichen Terrasse.

Schließlich entschied er sich, gerade seine Verlegenheit zu verwerten, und setzte ein Gedicht auf, das er seiner Dame im entscheidenden Augenblick vorzulesen gedachte. Dieses Gedicht, das letzte, das er schrieb, hat zu jener Zeit in Italien unerhörten Ruhm errungen und lautete in schwache deutsche Prosa übersetzt folgendermaßen:

»Wie ist das Wort, das ich dir sagen darf? Es soll wie Mondlicht sein, das auf dem Schneegebirge glänzt, wenn aus dem Tale tief die Mitternachtsstunde läutet.

Wie ist das Wort, das ich dir sagen darf? Wie Mittagwind, so soll es sein, der silbern durch die Lorbeergärten geht.

Wie ist das Wort, das ich dir sagen darf? So wie das Sternenbild des Perseus wird es sein, das sich im tiefen See nächtlich spiegelt.

Wie ist das Wort, das ich dir sagen darf? So soll es sein, wie in dem Dom das alte Grab des Ritters stille ist.«

Diese seltsamen Strophen schrieb sich der eigentümliche Polidoro auf, steckte das Papier in die Tasche seines abenteuerlichen Wamses und schritt, so gerüstet, dem Höhepunkt seines Lebens zu, auf dem die Dinge nun ganz den erwünschten Verlauf nehmen sollten.

Als des Abends die Glocken der Stadt Ferrara den Gruß des Engels an die allerbarmherzigste Jungfrau läuteten, stand Dame Olimpia mit ihren nackten Schlächterarmen auf der breiten Terrasse der herzoglichen Burg. Sie hielt den Fächer vor das Gesicht, um ihr Lachen zu verbergen, denn in allen Büschen und Buchsbaumhecken ringsherum flüsterte und kicherte es schon erwartungsvoll. Dann kam der Urnenförmige angewackelt, stand schnaufend vor der Schönen und kramte sein Gedicht hervor. Aber kaum hatte er quäkend die ersten Verse gelesen, als Olimpia schon das Spiel aufgab.

»Duccio«, rief sie mit erstickter Stimme, »komm doch!«

Da sprang Duccio mit seiner Peitsche aus dem Versteck hervor und hieb auf das dichtende Töpflein los. Und hau wau, hau wau bellte es los, ganz wie ein böses Schoßhündchen; und kreischend fiel Olimpia auf die Marmorbank, und im Gebüsch wand sich der Herzog vor Lachen, und selbst die gütige Herzogin wischte sich die Tränen aus den Augen.

Von da an mußte Polidoro diese seine Kunst fast täglich vormachen, bei all den Festlichkeiten, die jene große glänzende Epoche zu feiern liebte. Und er mußte es so oft machen, bis eine heillose Wut ihn verzehrte und er schließlich einging vor lauter Ärger. Doch war er der Nachwelt nicht ganz verloren, denn man setzte ihn in Spiritus und verwahrte ihn in der herzoglichen Naturalienkammer, wo er bis in das vorige Jahrhundert gesehen werden konnte, als das Zeugnis eines längst verrauschten, starken und frohsinnigen Zeitalters.

Der Spazierstock aus Olivenholz

Auf meinen Spazierstock aus Olivenholz gestützt, wandere ich die staubige Straße entlang, an allen den kühlen Villen vorüber. Vor der Villa Irene bleibe ich stehen, einerseits, weil es die schönste unter diesen Villen ist, andererseits, weil ich für den Namen Irene immer eine besondere Liebe gehabt habe.

Die Villa Irene liegt hinter einem kleinen Garten im Schatten zweier großer Platanen da. Mitten in dem Garten befindet sich ein Springbrunnen, und neben dem Springbrunnen steht eine junge Dame, die grünliche Beine hat. Von meinem Standort aus läßt sich nicht erkennen, ob die Dame grünliche Strümpfe trägt oder ob das die natürliche Farbe ihrer unteren Gliedmaßen ist.

Die Fenster der Villa stehen weit offen, und man kann in ein herrliches Arbeitszimmer blikken, in dem ein Herr in den besten Jahren auf einen Klubsessel ausgegossen liegt. Der Herr liest in einem luxuriösen Buche, und der Rauch seiner Zigarre kreist wollüstig um das Kristall auf dem Tisch und um die schimmernden Bücherreihen im Hintergrund.

Das ist ja alles ganz schön und gut. Immerhin möchte ich einmal wissen, warum der dort in seinem Klubsessel sitzen darf, und warum gerade ich immer mit meinem Spazierstock die staubige Straße wandern muß? Sind wir denn nicht eigentlich alle gleich und haben alle dasselbe Recht auf die Güter des flüchtigen Lebens?

»Mord und Tod?« murmele ich und ohne daß ich es will, faßt die Hand fester nach dem Spazierstock aus Olivenholz.

In diesem Augenblick aber sprang der Herr da oben auf, warf das Buch mit einem Krach auf den Tisch und schrie nach dem Hintergrunde zu: »Zum Donnerwetter, wo bleibt denn meine Bouillon? Dieses Hundeleben ist ja einfach nicht mehr zum Aushalten.«

Da habe ich den Spazierstock aus Olivenholz sinken lassen und bin weitergegangen. Gewiß, es gibt Menschen, die alles haben, was das Glück geben kann: Platanen, Springbrunnen und die Irenen mit den grünen Beinen. Aber man

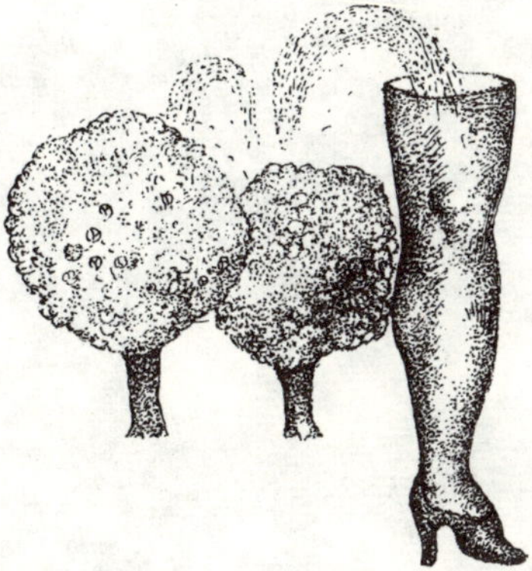

braucht die Menschen deshalb doch nicht gleich totzuschlagen, denn sie wissen es niemals, daß sie glücklich sind.

* * *

Wenn der Rügendampfer an der Insel Oie vorüberfährt, so herrscht an Bord immer eine gewisse Aufregung. Die feinen Herrschaften, die von Binz kommen, holen dann ihre Feldstecher hervor und betrachten die Insel so aufmerksam, als sei sie eine Nackttänzerin im Kabarett.

Berufswahl

Ein junger Mann hat mir geschrieben und mich gefragt, ob ich ihm einen Beruf empfehlen könne. Dieser Beruf müsse aber zwei Bedingungen erfüllen: er müsse ihn – den jungen Mann – glücklich machen und er müsse sich rentieren. Sonst wolle der junge Mann nichts davon wissen.

Solche Fragen laufen immer häufiger ein, so daß ich jetzt hier einmal öffentlich darauf antworten möchte. Einen Beruf, der sowohl Freude macht wie sich rentiert, gibt es nicht. Es ist immer entweder das eine oder das andere. Also z. B. mein Beruf, der eines Feuilletonisten, macht mir Freude; aber er rentiert sich nicht, was ich daran merke, daß alle meine Bekannten Automobile besitzen und mich immer mitnehmen. Dagegen der Beruf eines Generaldirektors, der macht wenig Freude, sondern nur Sorge und Telephoniererei, aber er rentiert sich sehr.

Und wo man hinsieht, kein Mensch ist zufrieden; die Filmdiven, die Erzbischöfe, die Generäle, alles klagt; selbst die Totengräber, die früher ihrer Heiterkeit wegen berühmt waren, selbst die sprechen von einem schlechten Geschäftsgang (wegen der zunehmenden Leichenverbrennung).

Nur einmal in meinem Leben bin ich einem wirklich zufriedenen Menschen begegnet. Es war das beim Kabarett ein Künstler, dessen Kunst darin bestand, daß er so tat, als ob er einen Pfirsich äße. Er stellte sich also in seinem Frack auf die Bühne und machte nun alles vor, was man macht, wenn man einen Pfirsich ißt. Erst drehte er den fiktiven Pfirsich in den Fingern herum, dann roch er daran, schließlich bog er sich weit vor, tat so, als ob er hineinbisse, und nun sah und hörte man förmlich, wie der Saft ihm von allen Seiten das Frackhemd herunterlief.

Das Publikum raste, und der Herr erhielt eine Gage von zweihundert Goldmark abendlich. Strahlend erzählte er mir, daß er diesen Beruf schon achtzehn Jahre ausübe und daß er eben ein Engagement nach New York erhalten habe.

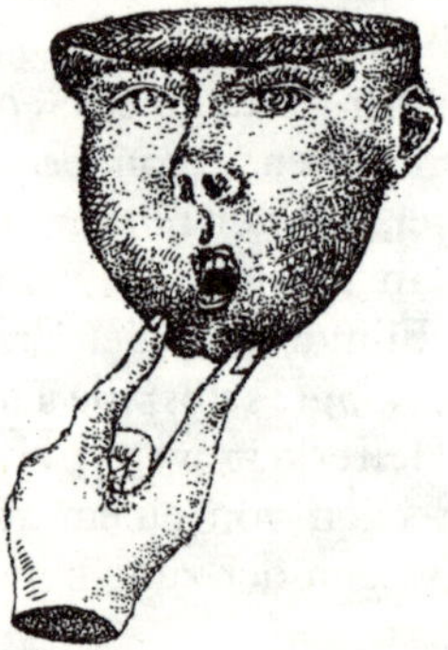

Das Kostüm für Meyers

In der Straßenbahn, abends gegen sieben Uhr, ist während der Fahrt ein schmächtiges kleines Fräulein eingeschlafen und nickt so regelmäßig auf und ab, als wäre sie aufgezogen. Sie hat ein großes Paket neben sich zu liegen und ist gewiß eine Ladenmamsell, die im Monat 42 Mark Gage bezieht, und die sich das Leben einst auch anders vorgestellt hat. Daß sie trotzdem noch immer Sinn für Schönheit und Märchenhaftigkeit hat, das ist aus ihrem Hute zu erkennen, auf dem eine wunderbare blaue Schleife angebracht ist, so groß und so schön wie der Vogel Phönix. Über der Schleife sitzt eine glitzernde Agraffe, und ganz oben gibt es noch ein Wäldchen von Kirschen, Weinbeeren und Primeln.

Diese ganze Landschaft aber wogt auf und ab wie eine wahnsinnig gewordene Südseeinsel, denn die Dame nickt aber auch gar zu sehr. Sie lehnt sich erst einmal ganz weit nach hinten über, verneigt sich dann majestätisch wie auf der Hofcour, so tief, daß man fürchtet, sie könne herunterfallen; aber wenn sie ganz unten angelangt ist, fährt sie mit einem jähen Ruck in die Höhe und fängt wieder von vorne an.

Dieser nickenden Mamsell gegenüber sitzen zwölf Fahrgäste wie die Ölgötzen und starren sie an. Jeder von uns sagt sich: das arme Mädchen fährt gewiß weit über das Ziel hinaus und wird nachher zu Fuß zurücklaufen müssen. Es wäre demnach so etwas wie Christenpflicht, sie aufzuwecken und zu belehren, denn Christen sind wir zwölf Ölgötzen alle, vom ersten bis zum letzten. Aber keiner hat den Mut, denn das würde ja so aussehen, als ob ..., na, und schließlich ist es auch gar nicht meine Sache. Keiner hat den Mut zum Mitleid, welches keine weichherzige Tugend ist, sondern eine panzerstrahlende Tugend und mehr Courage erfordert als alle Schlachtenlenkerei.

So lassen wir denn die wogende Dame ruhig drei Kilometer über ihr Ziel hinausfahren, bis sie schließlich aufwacht, merkt, wo sie ist, und nun herausstürzt, mit dem Vogel Phönix, der Märchenagraffe und dem Palmengärtchen hoch über all dem Unglück. Die zwölf Ölgötzen aber ziehen die Abendzeitungen hervor und blicken alle außerordentlich trotzig und energisch drein. Denn nun brauchen sie sich nicht mehr zu schämen und merken es wieder einmal vorläufig eine Weile nicht mehr, was für Jammerkerle sie sind.

Nur ich allein empfand ein heftiges Erbarmen mit dem bedauernswerten Geschöpf und sah ein, daß hier etwas geschehen mußte. Ich stand auf und eilte ihr nach, um zu sehen, wie das ablaufen würde, und um die Geschichte auf Kavalierart wieder in Ordnung zu bringen. Wirklich marschierte das Paketfräulein zu Fuß zurück; sie hatte also keinen Groschen mehr zur

Fahrt, oder wenn sie einen hatte, so brauchte sie ihn zu Wichtigerem. Ich holte sie ein, sprach zu ihr und bot ihr eine Droschke an. Da fing sie unversehens an zu weinen und sagte ganz treuherzig wie zu einem alten Bekannten: »Ach Gott, es ist ja doch zu spät; ich sollte das Kostüm bei Meyers um sieben Uhr abliefern, und nun ist es schon eine Viertelstunde darüber.«

Immerhin stieg sie in die Droschke, die ich herbeiwinkte, und wir fuhren einträchtig zusammen in die »Gebirgshallen«, wo allabendlich von sieben Uhr ab die echten Wiener Originalschrammeln ein Konzert vollführen. Denn ich fühlte plötzlich eine gar mächtige christliche Nächstenliebe in mir lodern und hatte nichts Geringeres vor, als diesem armen, geplagten Kinde einmal einen frohen Abend gnädigst zu bescheren. Hätte sie das dumme Paket mit dem Kostüm für Meyers nicht bei sich gehabt, so hätte sich diese meine Nächstenliebe bis zu einem feineren Weinlokale gesteigert. So aber zügelte ich mein Erbarmen auf die »Gebirgshallen«, wo Ladenjünglinge und sonst solche einfacheren Gemüter umgehen und wo ein Paket mit dem Kostüm für Meyers weiter kein Aufsehen erregt.

In den »Gebirgshallen« nahmen wir uns einen gemütlichen Ecktisch und rückten kameradschaftlich aneinander. Und zu meiner größten Freude konnte ich beobachten, daß mein armer Schützling schon beim vierten Glas Lagerbier und beim zweiten Käsebrötchen aufzutauen begann und nun sich nicht mehr zierte, mir alle ihre kleinen Heimlichkeiten mitzuteilen. Sie erzählte mir, daß sie in einer Kostümschneiderei angestellt sei, daß sie schon einmal ein Kind gehabt habe und daß ihre Rayonvorsteherin, diese Person, ein unanständiges Verhältnis mit dem Chef habe; was aber gewiß noch einmal schlecht enden werde. Ich lächelte mild und sagte väterlich in meinem Innern: sprich dich nur aus, du armes unverstandenes Menschenherz, das wird dir wohl tun, und du wirst mir noch dafür danken. Sie aber bestellte einen Ingwer für sich und einen für mich, bekam immer glänzendere Augen und fragte, ob man denn hier keinen Sekt bekommen könnte. Und wollte sich halbtot lachen, als einer der Schrammeln in einem Cellosolo Chopins »Du bist die Ruh« spielte und dabei immer einen so schiefen Mund zog.

Daraufhin beschloß ich, meinem guten Werk

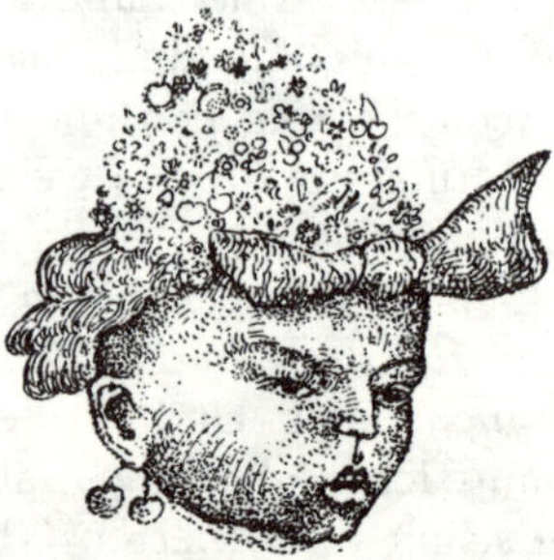

die Krone aufzusetzen und sie in die Cupidosäle zu führen, also in eines jener nächtlichen Balllokale, in denen man sich gegen ein Eintrittsgeld von 50 Pfennig in den Strudel des Lebens stürzen kann. Wir gingen zu Fuß hin, und sie war nun schon ganz zutraulich geworden; sie erlaubte mir sogar, das Paket mit dem Kostüm für Meyers zu tragen, hing sich in meinen Arm und lachte den vorüberkommenden Herren vergnügt ins Gesicht. In den Cupidosälen aber herrschte an diesem Abend große Aufregung, weil ein Neger anwesend war und sich am Tanz beteiligte. Er hieß Mr. John, war ein großer schöner Mann und trug einen grauen Zylinder, den er auch während des Tanzes nicht ablegte. Wir setzten uns an einen Tisch und tranken eine Flasche Schaumwein, und meine arme kleine Freundin wurde nicht müde, in den Wirbel des Tanzes zu sehen. Ganz besonders fesselte der schwarze Mr. John ihr Interesse, und sie machte mich in der lebhaftesten Weise und mit erhitzten Wangen darauf aufmerksam, wie männlich und geschmeidig er sei, was er für weiße Wäsche trage und wie er überhaupt einmal etwas ganz anderes sei als alle die übrigen. Schließlich tanzten wir beide eine Polka, was ich eigentlich als den Gipfel der ihr zu gewährenden Wohltaten und meines guten Werkes betrachten wollte. Aber ehe ich es mich versah, lag sie in den Armen des schwarzen Mr. John, mit dem sie nun endlos in einem wilden und wüsten Walzer durch den

Saal flog. Sie hatte dabei die Augen geschlossen und tanzte wie im Schlaf und Traum. Aber der blaue Vogel Phönix auf ihrem Hute schwankte und schlug mit den Flügeln, als wäre jetzt erst sein Märchenreich angebrochen, mit nächtlichen Geigentönen, mit Kerzenschimmer und kohlschwarzen Mohrenkönigen. Und als wir dann aufbrachen, stand ich in der Garderobe, hatte das große, dicke Paket mit dem Kostüm für Meyers unter dem Arm und wartete sehr lange auf meine Schutzbefohlene. Bis mir schließlich die Garderobenfrau freundlich sagte: »Die Dame, auf die Sie warten, ist schon vor einer Viertelstunde mit Mr. John in eine Droschke gestiegen und davongefahren.« Da nahm ich das Paket mit dem Kostüm für Meyers und trug es einsam und nachdenklich nach Hause, wo ich dieses fremde Eigentum auf die Kommode legte und dort zunächst einige Tage liegen ließ. Denn es war nicht möglich gewesen, es auf die Straße oder in den Kanal zu werfen, weil dann sämtliche Passanten darinnen eine Kindsleiche vermutet und sich auf mich Lustmörder gestürzt hätten. Auch ging es nicht an, in der Zeitung zu annoncieren, daß sich Meyers bei mir ein Kostüm abholen sollten, denn es gibt in dieser großen Stadt mehrere Meyers, die dann vermutlich alle untereinander in großen Zwist und Hader geraten wären. So wickelte ich denn schließlich das Paket auf und fand darin ein Maskenkostüm, nämlich einen Pagen mit hellblauen Trikots, rosa Pumphöschen und einem karmesinfarbenen Wams. Ich zog es an, besah mich im Spiegel und fand, daß es mich ganz gut kleidete. Aber eine rechte Freude hatte ich nicht daran, da mir der Einblick in die weibliche Wankelmütigkeit und Unzuverlässigkeit das Leben doch ein wenig verbittert hatte. Auf jeden Fall werde ich nun in Zukunft etwas vorsichtiger mit kleinen, schmächtigen Damen umgehen, die auf dem Kopf den Vogel Phönix tragen und gar noch ein Palmengärtchen obendrein.

Epicyclus

Montag
Nun an die Arbeit, froh, mit Kraft!
In dieser Woche wird es geschafft.

Dienstag
Gehämmert, geklopft, gefeilt, gebogen,
Die Linien des Planes reinlich gezogen.

Mittwoch
Schon wieder die Hälfte der Woche durchlaufen,
Nun könnte man einmal verschnaufen.

Donnerstag
Wo ließ ich den Zirkel? Wie war doch der Plan?
Was heut nicht geschieht, wird niemals getan.

Freitag
Die Hand erschlafft, der Sinn verwirrt;
Ob jemals daraus etwas wird?

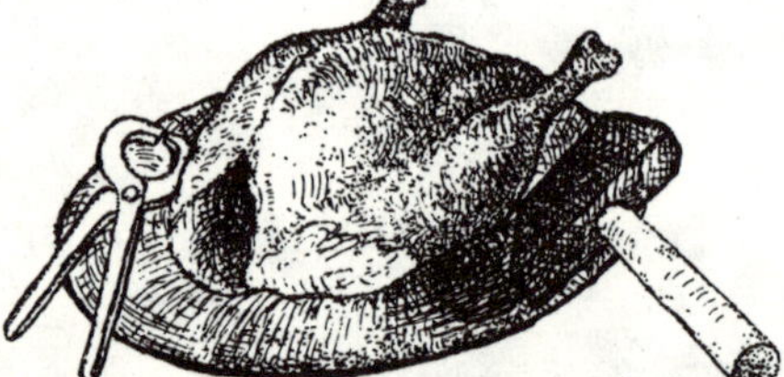

Sonnabend
Nun laßt es schon liegen, wo es lag.
Und nächste Woche ist auch ein Tag.

Sonntag
Der Braten duftet, wie schmeckt die Ruh,
Ein Gläschen Mosel tut gut dazu.

Montag
Nun an die Arbeit, froh, mit Kraft!
In dieser Woche wird es geschafft.

Wiener Spaziergänge

Im Park des Schlosses Belvedere sitzen die berühmten marmornen Wienerinnen, die vier Beine haben. Sie sollen Sphinx darstellen mit Frauenkopf, umfangreichen Brüsten und Löwentatzen; aber ohne Zweifel sind es die Bildnisse von wirklichen Wienerinnen, wie sie damals in der Rokokozeit persönlich hier irgendwo gelebt haben.

Es sind ganz die glatten Stirnen und die langen, manchmal etwas schiefen Augen der Wienerin; und auch ganz die umfangreichen Wiener Brüste, soweit ich über letztere unterrichtet bin.

Vor diesen Kunstwerken möchte man in der Stille stehen und sich mit ästhetischen Erwägungen beschäftigen; aber der Park ist heute überfüllt, und von draußen tönen Gesänge und lautes Rufen herein. Es ist der Erste Mai, und die neue sozialistische Religion feiert ihren neuen Feiertag.

Sie feiert ihren Feiertag genauso, wie die alte Religion ihre Feiertage feiert, mit Prozessionen und weißgekleideten Mädchen mit Fahnen und Choralgesang, mit der Predigt des Priesters und den ekstatischen Zuhörern der Gemeinde; mit Kirmestrubel und mit der Hoffnung auf ein neues Reich, das jetzt aber ganz bestimmt kommen wird und muß.

Brüder, ich wünsche euch von ganzem Herzen Glück. Und wenn ihr in eurem neuen Staatswesen ebenso schöne Dinge schafft, wie die Leute in dem alten Staatswesen geschaffen haben, solche heiteren lichten Belvederen, solche Rasenflächen weit und beruhigend, wenn euch das zu schaffen gelingt, so sollt ihr gesegnet sein; denn dann sind wir ja alle einer Meinung.

Aber nun kann man nicht mehr über die Ringstraße zurück, so endlos lang ist der Zug der politischen Vereine. Jeder Verein trägt vor sich eine Inschrift, ich stehe am Straßenrand und zähle ihrer an hundert.

Dann habe ich mich dem Verein der Freidenker Landstraße III angeschlossen und bin mit ihm eine Viertelstunde lang demonstrierend mitmarschiert.

Ich habe mich diesen Freidenkern deshalb angeschlossen, weil ihre Inschrift die einzige war, die ich lesen konnte.

Die neunundneunzig anderen Inschriften waren tschechisch.

Die Wiener Sehenswürdigkeit, die den Wienern selbst die meiste Freude macht, ist ihr Kriegsministerium am Stubenring. Wenn die Wiener das Kriegsministerium am Stubenring erblicken, bleiben sie stehen und lachen sich schief. (Die Wiener sind so glücklich veranlagt, daß sie selbst vor einem Kriegsministerium lachen können.)

Das Kriegsministerium ist so groß, daß ein Mensch, der sich auf das Kofferpacken versteht, den ganzen Freistaat Österreich mitsamt dem Semmering darin unterbringen könnte. Und man war gerade im Begriff, es auf das Doppelte zu vergrößern, als ...

»Die Fenster da oben«, sagt mein Wiener Freund, »das sind die Prunkgemächer.« – »Prunkgemächer«, frage ich, »wozu braucht man Prunkgemächer in einem Kriegsministerium?« – »Die Prunkgemächer waren für den Franz Ferdinand, der hat da seinen Kriegsrat gehalten.« – »Kriegsrat?« frage ich. »Der Franz Ferdinand ist doch schon vor dem Kriege tot gewesen.« – »Macht nix; der Franz Ferdinand hat alleweile Kriegsrat gehalten.«

Da das mit der spanischen Reitschule nichts war, konnten wir ja einmal die Zimmer der kaiserlichen und königlichen Familie ansehen, die jetzt gegen ein Eintrittsgeld von fünfhundert Kronen der bürgerlichen Besichtigung zugänglich gemacht wurden.

Es sind siebenundvierzig Zimmer oder noch mehr, die Wohnung der Kaiserin Zita wird nicht gezeigt. Und jedes ist so groß, daß eine gute Vierzimmerwohnung darin Platz hätte.

Malachitvasen, Mosaiktische; und die Geschenke der lieben Vettern. Friedrich August von Sachsen schenkte dieses Porzellan, in einem Stile, der in Portierwohnungen gebräuchlich ist;

und diese beiden Vasen, meine Herrschaften, sind ein Geschenk Kaiser Wilhelms II.

Wie freue ich mich, daß ich kein Kaiser bin, sonst hätte Wilhelm II. mir vielleicht auch zwei solche Vasen geschenkt. Und nachher weiß man nicht, wohin damit.

Nach dem zwanzigsten Zimmer hat der Besucher genug. Diese Zimmer, in denen Atridentragödien spielten, sind von entsetzlicher Banalität. Man möchte sich heimlich drücken; aber der Führer läßt niemanden los.

Die Herrschaften sehen hier das Porträt der Kaiserin Elisabeth als Neuvermählte (erdolcht). Diese Büste ist der Erzherzog Maxümülian, der Bruder des Kaisers (erschossen), und dort seine Gemahlin (im Wahnsinn gestorben). Auf dem Bilde da oben links die Erzherzogin Marie Antoniette (geköpft). Dieser Knabe ist der Erzherzog Franz Ferdinand (Bombe). Und betrachten sie bitte die Ringe da in der Tür; da hat der Erzherzog Rudolf als Kind dran geturnt (mit der Champagnerflasche den Schädel eingeschlagen).

War das Schicksal deutlich genug? Hatte es genügend deutlich gezeigt, daß ihm das glückliche Haus Österreich auf die Nerven gegangen war?

Jedem, der nach Wien kommt, sei empfohlen, die Ausstellung des Haus-, Hof- und Staatsarchivs zu besuchen, die am Minoritenplatz eröffnet ist. Die neuen Wiener Herren haben die geheimen Kammern der Staatskunst geöffnet und alle wichtigen Dokumente ausgelegt, von der ältesten Zeit bis heute. Der Tourist tut gegen fünfzig Groschen Entree einen Einblick in die Verträge der Großmächte und in die private Korrespondenz der Potentaten.

Da liegen zum Beispiel die Briefe, die Wilhelm II. an Kaiser Franz Josef schrieb, um sein Herz über diesen Bismarck auszuschütten; er bittet den kaiserlichen Freund, den Mann nicht mehr zu empfangen, denn er sei entlassen. So schreibt der Grossist an den Geschäftsfreund: Bitte empfangen Sie den v. Maier nicht, derselbe reist nicht mehr für unsere Firma. In dem kaiserlichen Briefe, der hier unter dem Glase vor mir liegt und den ich in mein Notizbuch kopiere, heißt das so: »... den ungehorsamen Untertanen nicht zu empfangen, ehe er sich nicht mir genähert und peccavi gesagt hat«; die Worte »ungehorsamer Untertan« hat die Majestät dick unterstrichen, man hört die Feder heute noch kratzen.

Da ist der Dreibund, ganz frisch und sauber, als sei er eben unterzeichnet – er war das feste Fundament des Friedens in Europa; da der Berliner Vertrag mit den Namen Bismarck und Bülow, die sich in dem Duktus ähnlich sehen; der Friede von Prag von 1866, durch den, hurra, Österreich endlich aus Deutschland herausgeworfen wurde. Und immer tiefer in die Geschichte hinein. Maria Theresiens kinderhafte Schrift, und dann endlos die riesigen verschnörkelten Instrumente des Heiligen Römischen Reiches.

Ich liebe alte Pergamente und verwitterte Siegel und goldene Initialen und fühle mich wohl und warm in ihnen. »Und ach! enthüllst du gar ein würdig Pergament, so steigt der ganze Himmel auf dich nieder«, sagte der Famulus Wagner, der die sympathischste Figur in Goethes bekanntem Stücke ist.

Wessen Bibliophilen-Herz lacht denn nicht, wenn er die Goldene Bulle leibhaftig vor Augen sieht?

Zwischen all den staatlichen Dokumenten kommen auch Briefe von Intellektuellen vor, von Kainz, Wagner, Grillparzer, Goethe, Kepler, Tycho de Brahe. Aber diese Intellektuellen kümmern sich nie um Politik, alle ihre Briefe beschäftigen sich mit Vorschuß, Tantiemen und Orden, das sind ihre einzigen Sorgen. Übrigens, wissen unsere Germanisten schon, daß der Großenkel Goethes ein Schuster gewesen ist? Hier liegt der Brief des Schusters Christof Justus Goethe, über den bald eine Doktordissertation geschrieben werden sollte, falls sie nicht schon längst geschrieben worden ist.

Die Besichtigung des Schlosses Schönbrunn geschieht dergestalt, daß alle Viertelstunde fünfzig Besucher durch die Räume geführt werden, am Tage manchmal zweitausend, es ist die größte Sehenswürdigkeit von Wien. Alle Käsewagen von Wien fahren in ganzen Zügen nach Schönbrunn und halten dort vor den marmornen Treppen; nur daß die Käsewagen hier nach ihrem Unternehmer Wohlgemuth-Wagen heißen, aber unser Berliner Wort Käsewagen klingt schöner und ist auch zutreffender.

»Dieses, meine Herrschaften«, so beginnt der Führer, »ist der blaue oder chinesische Saal. Hier hat Kaiser Karl I. der Krone entsagt und die Geschäfte abgegeben. Beachten Sie besonders hier den dicken Chinesen auf Seide gemalt. Am Tage ist das Gesicht dieses Chinesen weiß, abends aber ist es blau.« Tiefbewegt treten die Besucher an den dicken Chinesen heran und betrachten ihn genau. Er hat wirklich ein weißes Gesicht.

Dann kommen wir in das Terrassenzimmer und das rosa Zimmer, das aber gar nicht rosa ist. Aber das schönste ist das Millionenzimmer, so genannt, weil alle Verzierungen aus Dukatengold sind und eine Million Taler gekostet haben. Kaiserin Maria Theresia hat es machen lassen während des Siebenjährigen Krieges. Denn die Kaiserin Maria Theresia, das war eine wirkliche Landesmutter.

Wir halten vor dem Riesenporträt eines

Kaisers in voller Figur und en face gesehen. Mit dem muß etwas los sein, denn der Führer bleibt feierlich stehen und wartet, bis alle fünfzig Besucher beisammen sind. »Das ist der Kaiser Franz I., meine Herrschaften. Bitte, beachten Sie, wenn man rechts steht, sieht der Kaiser nach rechts, und wenn man nach links herüber geht, so folgen seine Augen uns nach links.« Die fünfzig Besucher gehen alle erst nach rechts, der Kaiser sieht nach rechts; dann drängen sie sich alle nach links herüber, wahrhaftig, nun sieht er nach links. Um zu sehen, ob er es noch einmal machen wird, gehen wir alle noch einmal nach rechts zurück, und dann wieder nach links; der Kaiser Franz wackelt mit den Augen von rechts nach links. Er wird es machen, sooft wir wollen.

Kaiser Franz I. war überhaupt ein sehr leutseliger Herr. Einmal hörte er zu, als Beethoven auf dem Klavier spielte; nach dem Konzert ließ

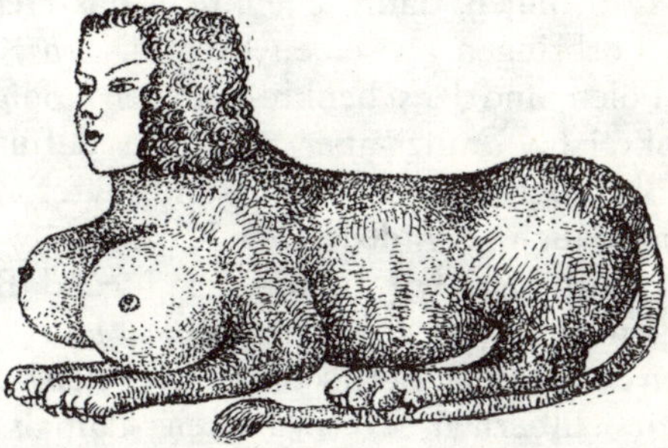

er sich den Künstler kommen, klopfte ihm auf die Schulter und sprach: »Herr Kapellmeister, Sie sind ja ein Tausendsassa!«

Viele schöne Porträts hängen in den Zimmern des Schlosses Schönbrunn, dunkel und still, Kaiser und Erzherzöge.

Die Habsburger waren alle prachtvolle Modelle für die Maler. Sie hatten eine angeborene Haltung und standen ruhig und fest. In silbernen Röcken und mit gebieterischen Handbewegungen, die Männer des diplomatischen achtzehnten Jahrhunderts, in dem unsere Staaten gemacht wurden und unter dessen Einfluß wir Heutigen viel mehr stehen, als wir ahnen.

»Wer ist das?« fragte ich den Kastellan vor dem Bild eines großen Mannes mit edlen, aber etwas schlaffen Zügen. »Das ist der Kaiser Franz I. von Toskana, der Mann der Maria Theresia. (In der österreichischen Geschichte gibt es zwei Kaiser Franz I.) Er war erst Herzog von Lothringen, dann schenkte er das Herzogtum Lothringen an seinen Freund, den König von Polen, und der schenkte es an den König von Frankreich, Franz aber tauschte dafür das Großherzogtum Toskana ein, und später wurde er dann auch noch deutscher Kaiser.«

So tauschten wir in unserer Jugend Briefmarken ein. »Ich gebe dir meine blaue Kuba gegen deine grüne Peru.« Nur daß es sich bei den hohen, silbernen Herrschaften damals um

Völker handelte, und daß so die Vaterländer gemacht wurden, für die man dann begeistert sterben mußte.

Das Königreich Preußen ist um kein Haar anders gemacht.

»Das Napoleon-Zimmer«, sagt der Führer, und nach so vielen Franzen und Josefs hören wir erschrocken auf den dunklen Klang dieses Namens. Ein Dämon hat gehaust in dem großen und doch so kleinen Schlosse; dort in der Ecke hat er geschlafen, während Tag und Nacht die Batterien grollten, die ganze Donauebene auf und ab.

Er hat dem Schloß Schönbrunn auch ein Geschenk gemacht: die beiden Obelisken vor dem Eingang mit den Adlern oben, die ihre korsischen Flügel spreizen, die sind von ihm. Die Habsburger haben damals das schöne, aber etwas unpassende Geschenk mit höflichem Lächeln angenommen, und die Obelisken stehen heute noch da. Für Schönbrunn war Napoleon kein Dämon, sondern ein Schwiegersohn.

Und nun denke man sich das alles von Wachskerzen beleuchtet, die in tausend Spiegeln flimmerten, wenn das Staatsdiner serviert war im großen Saale. Man aß von goldenen Tellern am Festtisch der Maria Theresia.

1 442 Säle und Gemächer gibt es im Schlosse Schönbrunn, Schlafzimmer, Billardsäle, Kon-

ferenzsäle und den großen und kleinen Musiksalon, von dem Porzellanzimmer gar nicht zu reden, und 139 Küchen; aber selbstverständlich kein einziges Badezimmer. Allerdings sieht man hier und da in der Wand diskret angebrachte Tapetentüren, und die können ja vielleicht zu einem Badezimmer führen, aber ich glaube es nicht. Im achtzehnten Jahrhundert trug man Brokatkleider und brauchte deshalb nicht zu baden, und im neunzehnten Jahrhundert war es meistens auch nicht viel anders.

Die Tapetentür wird wohl eher für das mollerte Fräulein vom Theater gewesen sein, wenn es heimlich hereinschlüpfte, um Trost zu bringen.

Nachher gehe ich in den Zoologischen Garten, um mich zu erholen.

Wir Heutigen vertragen die Hofluft und so viele goldene Säle nicht mehr. Die Königtümer sind ja nicht nur deshalb gefallen, weil wir keine silberbestickten Röcke mehr tragen können und nicht mehr von goldenen Tellern essen mögen.

Es ist ein schöner Zoologischer Garten. Sie haben da einen jungen afrikanischen Elefanten, ein nobles Tier, das stolz und einsam auf und ab geht, in Gedanken versunken. Dieser Elefant ist in Gumaiza am Bahr el Gebel vor vier Jahren gefangen worden in einer Fallgrube.

Das ist der Volksgarten, den Peter Altenberg berühmt gemacht hat. Auf diesen Bänken ist er oft gesessen und hat die Beine der vierzehnjährigen Mädchen betrachtet. Dann hat er seine Schreibtafel vorgeholt und hat sie (die Beine der vierzehnjährigen Mädchen) in die deutsche Literatur eingeführt.

Bevor ich diese Reise antrat, habe ich mir auf der Bibliothek in Berlin einen Band Peter Altenberg geliehen und gelesen, um in die Wiener Stimmung zu kommen.

Und so hat die Reise mit einer Enttäuschung angefangen. Denn ach, man kann ihn nicht mehr vertragen. Alles ist kraftlos; die berühmte lässige Grazie ist Weitschweifigkeit geworden, und was uns damals als unmittelbares Fließen eines Lebens erschien, das sieht jetzt verdammt nach Affektation aus.

Wir armen Feuilletonisten überleben uns nicht. Es ist noch keinem gelungen und wird auch nie einem gelingen.

Wir sind wie die Lilien auf dem Feld, deren Gewand schöner ist als das Salomos in seiner Herrlichkeit, und die morgen in den Ofen geworfen werden.

Harzreise im Sommer

Das Zimmer, in dem ich hier wohne, hat eine schönere Aussicht als das beste Zimmer im Hotel Adlon, Berlin W. Nämlich: im Vordergrund einen Hühnerhof, in dem man den ganzen Tag Eier legt; etwas weiter der Obstgarten; und als Prospekt eine ungeheure Wand von blühendem Holunder. Und das alles kostet täglich zwölf Mark, ich schäme mich gar nicht, das offen einzugestehen.

Allerdings ist dieses Zimmer nicht größer als das Innere eines Berliner Automobilomnibusses; aber wenn ich bedenke, daß in den Omnibus dreißig Personen hineingedrängt werden und daß ich mein Zimmer ganz allein bewohne, so bin ich zufrieden.

Die Ortschaft Thale ist mir ihres friedlichen und sanften Namens wegen schon lieb gewesen, bevor ich sie kannte. Und zwar scheint mir diese Zuneigung daher zu rühren, daß ich eine Talschleiche bin und mir aus den hohen Bergen nichts mache. Das ist Veranlagung, für die niemand etwas kann. Der Forellenbach im Grunde, das Wirtshaus daneben mit dem weißgedeckten Tische und der Flasche Mosel darauf, dieses alles scheint mir wichtiger und auch reicher an Erlebnis als die Gipfel der Gefahr.

Wirklich ist dieses Thale ein behaglicher Ort, der sich zu einer epikuräischen Behandlung des

Lebens auf das trefflichste eignet. So ist es ein großer Vorzug, daß es hier keine Thermalquellen, Sprudel, Inhalatorien und dergleichen gibt. Solche Einrichtungen nötigen ja nur zu einer vernunftwidrigen Diät, und die angenehmsten Bäder sind ohne Zweifel immer die, in denen man nicht zu baden braucht.

Und die ganze Natur sowie die Granitfelsen hier sind auf das handlichste zum täglichen Gebrauch hergerichtet. So ragen, wie jeder weiß, dicht neben Thale die Felsen Roßtrappe und Hexentanzplatz auf, Lokalitäten, deren halsbrecherische Namen das Übelste erwarten lassen. Aber es führen dich sanfte Wege hinauf, und ehe du dich's versiehst, stehst du schaudernd und doch wohlgeborgen vor der sorgsam eingegitterten Romantik.

Auch sind es von jedem Hotel nur zehn Minuten bis in die tiefste Schlucht des Bodetals und seine Einsamkeit und seinen Zauber. Da, wo es am schauerlichsten ist, steht ein Mann in weißer Schürze und verkauft warme Wiener Würstchen.

Auf dem Paß, den man die Schramme nennt, begegnen mir ungefähr zwanzig Tiroler. Sie sind ganz echt tirolerisch aufgemacht, mit nackten Knien, gestickten Gürteln und Gamsbärtchen am Hut. Aber wie sie unten im Tal das Wirtshaus erblicken, fangen sie an, auf mersehurgisch zu jodeln.

Sie haben mehrere Dearndln bei sich, die ebenfalls aus der Provinz Sachsen stammen dürften. Jede dieser Damen trägt um den Hals eine jener kleinen Kuhglocken, die man in sämtlichen Gebirgen dieser Erde bei den Ansichtskartenhändlern kaufen kann.

Alle scheinen sehr vergnügt, und sie haben keine Ahnung, daß sie lächerlich sind. Aber wer weiß, wie lächerlich ich ihnen vorkommen mag mit meinem Regenschirm und meiner blauen Brille.

Harzreise im Winter

Dieses Unternehmen hat schon Goethe ausgeführt, das ist allgemein bekannt. Aber Goethe ist mit mehr Komfort und größerer Bequemlichkeit nach dem Harz gereist, als wir jetzt.

Der bestieg sein Pferd, auf dem er ganz allein saß, und war nie darüber in Sorge, ob er den Anschluß in Halberstadt erreichen oder ver-

fehlen werde. Sein eigener Herr und Meister, ritt er das Tal hinauf, mit den Augen die Gesteinsart der Bergwände prüfend und im Herzen den nächsten Brief an Charlotten konzipierend.

Oder er fuhr in der Postkutsche. Dieses Verkehrsmittel trägt heute den Fluch der Lächerlichkeit, aber es hatte den Vorzug, daß bisweilen darin gedichtet wurde. So hat Goethe in der Postkutsche dieses nette Verschen gedichtet, das ich aus dem Gedächtnis zitiere: »Weit, hoch, herrlich der Blick, Rings ins Leben hinein; Von Gebürg zu Gebürg Schwebet der ewige Geist, Ewigen Lebens ahndevoll.«

Das war damals.

Jetzt sitzen wir unser sechzig in einem Kasten, der Speisewagen benannt wird, und essen gleichzeitig und im Takt Kabeljau mit Mostrichsauce.

An der Wand hängt ein Kasten, in den Beschwerden niedergelegt werden können.

Für den Fall, daß einer von uns die Absicht haben sollte, sich schriftstellerisch zu betätigen.

Im Luxushotel gibt es eine Pension schon von 175 Mark an; aber abends beim Diner funkeln auf jedem dritten Tische die Champagnerkelche, und dieser Champagner, nebst vielem anderen, ist in die Pension nicht mit einbegriffen.

Und gleich nach dem Essen beginnt das nächtliche Fest mit Tanz, Jazzband und Barbetrieb und Kabarett bis um vier Uhr.

Baedecker sagt es ja so richtig: »Es gibt kein besseres Kräftigungsmittel als Aufenthalt und Bewegung in der erfrischenden Winterluft der Berge, die schon bei 800 Metern eine Trockenheit und Reinheit erreicht, wie sie sich im Sommer nur etwa in Höhen über 2000 Metern findet.«

Grüne Weihnachten in Oberhof

In Oberhof in Thüringen ist mir jetzt ein alter Wunsch auf merkwürdigste Weise in Erfüllung gegangen.

Ich habe immer solche seltsamen Einfälle und Wünsche gehabt wie Ludwig II., der König von Bayern. Ganz allein einmal in der Großen Oper von Paris sitzen und »Tannhäuser« anhören, mit vollem Orchester und fünfhundert Balletteusen nur für mich. Oder auf dem größten Hapagdampfer allein, aber mit allem Komfort, um das Kap Hoorn schiffen. Oder in einem großen Hotel ganz allein wohnen mit sämtlichem Luxus.

Dieser letzte Wunsch ist mir nun Wirklichkeit geworden, hier zur Zeit der Wintersportsaison im Thüringer Wald.

In diesem schönen Golfhotel, das vor dem Ort zwischen Wald und Wiese liegt, sind alle Zimmer belegt, aber keines besetzt. Außer mir scheint höchstens nur noch ein Ehepaar anwesend zu sein, das manchmal am Ende der langen Korridore auftaucht und dann über meinen Anblick ebenso erschrocken ist wie ich über den seinen.

Nur für mich also ist der Betrieb des großen Hauses geheimnisvoll und leise im Gange. Nur für mich stehen fünfzig Gerichte auf der Speisekarte. Nur auf mich blicken von den Wänden die Ölgemälde der Herzoge bedeutend und mißvergnügt hernieder.

Abends kleide ich mich in meinen Smoking und sitze im schimmernden Festsaale, allein wie ein verrückter König, und acht Oberkellner beachten aufmerksam jede meiner Handlungen. Wenn ich die Gabel niederlege, um eine Seite in meinem Reclam-Heft umzublättern, setzen sich die acht Oberkellner lautlos auf mich zu in Bewegung, um nachzusehen, was los ist.

Draußen gehen Regen und Schneematsch hernieder, von allen Dächer tropft es, und der Tauwind singt einsam und schauerlich. Und dieses ist die Wintersportsaison von Oberhof, drei Tage vor Weihnachten.

Nun, ich finde diese Art von Saison entzückend, und wenn es auf mich ankäme, brauchte niemand anderes herzukommen. Aber offenbar kommt es auf mich allein nicht an bei der Bewertung von Wintersportsaisons.

Am nächsten Morgen breche ich auf, um im Ort die Tatbestände der verregneten Sache zu erkennen und dieses seltsamsten aller Gebirgswinter.

Es läßt sich sofort und leicht erkennen, daß der Ort Oberhof wie angelegt und angepaßt ist für den Rodelschlitten und den Skiverkehr, wie man sich diesen Skiverkehr vorstellt. Alles ist schiefer Hang und sich senkende Wiese, und die Straßen sind so sanft geschwungen, daß man vermutlich mit dem Schlitten vom Ansichtskartenladen bis in den Five-o-clock hineinrutschen könnte und umgekehrt.

Aber was nützen alle sanft gesenkten Matten und Bahnen, wenn kein Eis und kein Schnee da ist, und wenn im Wald die Amsel sich rüstet, ihr erstes Frühlingslied zu singen!

Übrigens: Eis ist schon da, aber, wie es scheint, nicht ganz an der richtigen Stelle. Alle Straßen sind mit dickem, halb geschmolzenem Glatteis verdeckt, so daß der Wagen kaum vorwärts kann. Der vorsichtige Wanderer aber, der des Weges will, hat bald herausgefunden, daß er am sichersten geht, wenn er immer in die Pfützen tritt, und zwar lieber in die tiefsten, wo das Wasser bis an die Knöchel reicht; dort hat der Fuß den besten Halt und die Gefahr des Hineinstürzens ist geringer.

Der Wintersport ist noch nicht im Gange, aber immerhin kann man sich schon sämtliche Knochen entzweibrechen.

In der Konditorei sitzen nach Tisch die feinen

Damen mit den großen Brillanten, klagen über das Wetter, schicken ihre Männer zum Barometer und essen ihrerseits Apfelkuchen.

Solange sie am Tisch sitzen, ist nichts Merkwürdiges an ihnen, aber wenn sie aufstehen, erkennt der Fremde mit Staunen, daß sie kurze, karierte Hosen und lange Gamaschen tragen, welches hier die Mode ist, wenn man Apfelkuchen ißt.

Sie genieren sich gar nicht, und es ist ihnen offenbar vollkommen gleichgültig, ob sie uns genieren.

Hinterher sieht man sie, wie sie auf Stöcke gestützt, vorsichtig über die gefährliche Straße schreiten und sich auf die Sportplätze in Bewegung setzen. Was mögen sie jetzt während des schönen warmen Regens auf den Sportplätzen zu schaffen haben? Vielleicht wollen sie die ersten Veilchen suchen.

Dieser meteorologischen Katastrophe nun ist es zu verdanken, daß ich das winterliche Gebirge ohne den Lärm eines Betriebes habe sehen dürfen, daß ich in der Sturmnacht dem Brausen und Sprechen des Waldes habe zuhören können und keine Hotelkapelle mit einer Jazz-Band dazwischenredete.

Und es ist ganz erstaunlich, was der Thüringer Wald in einer solchen Sturmnacht alles mitzuteilen hat.

Dem Fenster des Hotels gegenüber erhebt

sich ein Waldhügel, der auch in der dunkelsten Mitternachtsstunde als etwas Schwarzes von dem Himmel abgezeichnet ist.

Die ganze Nacht hindurch ist der Wald dieses Hügels auf das stärkste beschäftigt. Er spricht und widerspricht sich, er verliert alle Fassung, er braust auf wie in einer plötzlichen Entrüstung. Das Geräusch des Winterwaldes ist aber schöner als das des sommerlichen Laubes, es ist musikalischer, wie ein gläsernes Klingen durch die tieferen Schichten der Tonleiter hindurch.

Dabei habe ich immer das Gefühl, als seien menschenartige Stimmen aus all dem Lärmen herauszuhören, ein Rufen und Antworten zweifelhafter Zwischenwesen, die jetzt ihre Stunde haben, und die nicht gerade Gutes im Schilde führen mögen.

Selbstverständlich ist das nur eine Täuschung der Mitternacht; aber ich bin doch recht zufrieden, daß ich hier am sicheren Fenster stehe und in den dunklen Tälern dort drüben augenblicklich nichts zu besorgen habe.

Verwechslungen

Auf der Reise ist mir etwas ganz Merkwürdiges zugestoßen; man hat mich für ein Mitglied des Leipziger Männergesangsvereins gehalten.

Nun bin ich ja gewohnt, daß mich die Leute für etwas anderes halten, als ich bin. Mein vieldeutiges Exterieur, die Laune des Schicksals, das mich immer wieder in einer neuen Rolle auftreten läßt, all das verwirrt des Bürgers Sinn, so daß er sich in Vermutungen ergeht.

In den letzten Jahrzehnten bin ich schon für folgendes gehalten worden: für einen katholischen Priester, für einen Engländer, für einen Schauspieler, für einen Kriegshetzer, für einen Ladendieb, für einen Pazifisten, für einen Spion in deutschen Diensten, für einen Spion in französischen Diensten, für einen Generalstabsoffizier in Zivil, für Maurice Maeterlinck und nun schließlich für ein Mitglied des Leipziger Männergesangsvereins.

Das geschah so: Als ich auf der Reise in Hamburg ankam, war in der Stadt gerade der Leipziger Männergesangsverein zum Besuch eingetroffen. Dieser Verein besteht bekanntlich aus fünfundsiebzigtausend Mitgliedern, er war vollzählig angekommen, und jedes Mitglied hatte seine Frau mitgenommen.

Ganz Hamburg hallte von dem Wort Goffi wider, was auf deutsch ungefähr Café bedeutet und das geheime Losungswort aller Leipziger ist.

Und als ich nun im Hotel nach dem Zimmermädchen um Wasser klingelte und mich mit dieser Hanseatin in ein kleines Gespräch einließ, da sagte sie plötzlich: »Ach, Sie gehören wohl auch zu dem Leipziger Männergesangsverein?«

»Nein!« schrie ich, »wie kommen Sie darauf? Sehe ich so aus?«

Das Mädchen lachte und sprach: »Ich dachte nur; weil Sie so einen gelben Reisepaletot haben.«

Seit diesem Augenblick ist mir mein gelber Reisepaletot erst wirklich lieb und wert geworden. Er ist mir gewissermaßen ans Herz gewachsen, und ich werde mich nie von ihm trennen.

Spaziergang in Tripolis

Man gehe zum Beispiel in Tripolis auf den Brotmarkt an der alten Mauer, er ist der größte und der schönste von allen.

Da liegen auf niedrigen Tischen zu Tausenden diese merkwürdigen orientalischen Brote, die anders sind als unsere nordischen Brote, weil sie nämlich nicht geschnitten werden, sondern gebrochen. Sie sind klein und kuchenförmig und handlich; es ist das Brot, das auf dem abendlichen Tisch von Emmaus gelegen hat. Wenn man es so duftig und knusprig liegen sieht und mit geheimnisvollen Kräutern bestreut, bekommt man schon von selbst die Lust, es in beide Hände zu nehmen, zu zerbrechen und die Stücke zwischen den Kindern und dem Gesinde am Tisch rundherum zu verteilen.

Die Patriarchengebärde, die am Grund des Sakramentes liegt.

Die schönste Straße in Tripolis und eine der merkwürdigsten Straßen der Welt überhaupt – meinem Gefühl nach schöner als der Broadway in New York – ist der Sukh-el-Turk, der sich durch die ganze Stadt zieht. Fast in seiner ganzen Länge aber ist er von einem Weinstock überwachsen, der neben der Moschee schenkeldick aus dem Boden wächst und dann staketartig hingezogen wurde. Ist der Broadway von einem Weinstock überwachsen, der neben der Moschee herauswuchs? Nein, na also!

In dieser Straße wird nur das Prächtige und Kostbarste verhandelt. Silberne Teller mit Fabeltieren, in Reihen eingehämmert. Der Kenner sieht sofort phönizische Formen, die sich hier in dem verlorenen Winkel der Welt gehalten haben durch die Generationen der Eroberer. Gold, schönes, achtzehnkarätiges, in Filigranarbeit gefaßt. Zu Tausenden verkauft wird die merkwürdige flache Hand, die man irrtümlich die Hand der Fatme nennt. In Wahrheit aber ist es die Hand Allahs, sie schützt vor dem bösen Blick; und du stehst da unter der heiligen Rebe und handelst um die goldene Hand Gottes. Handele ja recht lange, ziehe es hin, dieses seltene Geschäft, denn bald mußt du wieder mit der Straßenbahn fahren!

Auch halbe Elefantenzähne sind zu haben, schön gelb, und drei Meter lange Schlangenhäute von kolossalen Schlangen, die hier gleich dicht in der Umgegend leibhaftig herumgekrochen sind, vielleicht gerade neben dem Grand Hotel.

Schließlich habe ich mir eine kleine Schnur Kaorimuscheln gekauft bei einem alten Mann, der an der Straßenecke auf dem Boden saß und der so aussah, wie man sich den heiligen Jakobus den Älteren vorstellt. Ich kaufte sie, weil Kaorimuscheln etwas ganz Afrikanisches sind, weil sie Glück bringen und weil ich das Glück liebe. An dem Geschäft beteiligten sich drei Nachbarn und der Korrespondent einer anderen deutschen Zeitung, und schließlich behielt ich die Kaorimuscheln für fünf Lire. Der heilige Jakobus der Ältere hatte fünfzehn verlangt.

Berühmt sind die Jüdinnen von Tripolis. Man nennt sie die schönsten Frauen der Welt. Auf älteren Bildern sind sie oft dargestellt, da sitzen oder lagern sie hinter dem holzvergitterten Fenster, angetan in die weiten fließenden Gewänder des alten Bundes, und tun nichts, höchstens, daß die eine von ihnen einmal eine Rose durch das Gitter dem gerade unten vorübergehenden Passanten auf den Kopf fallen läßt, zu seiner – des Passanten – lebhaftester Genugtuung. Schon allein dieses zu untersuchen, war die weite und gefährliche Reise über die Meere wert.

Aber Achtung, es gibt eine Enttäuschung! Die jüdischen Frauen von Tripolis sind noch gerade so schön wie in der Vorzeit, und man sieht Gesichter wie aus dem Hohenlied. Aber es kam eine neue Zeit und eine neue Sitte und eine schlechtere Welt, Es kam die höchst fragwürdige Anschauung, daß die Frau im Alltag mitzuarbeiten habe mit dem Mann. Und eingedenk der Wahrheit, daß die wichtigste Aufgabe des Weibes es ist, den Passanten Rosen auf den Kopf fallen zu lassen, gehen die Mädchen aus dem Hohenlied jetzt auf die Straße und kaufen nebenan drei Pfund Kartoffeln. Und dabei behalten sie die fließenden Gewänder aus der Zeit Salomons. Und das macht sich schlimm.

Alle diese Frauen sehen aus, als seien sie schwanger. Alle, auch die siebenjährigen Mädchen. Man sagte mir, daß sie diesen interessanten Zustand künstlich herstellen, indem sie sich Tücher um den Leib binden.

Wiederum bestätigt sich die Erfahrung, daß von allen Trachten der Länder und der Geschichte die schönste weibliche Tracht die jetzige Mode der europäischen Frau ist. Manchmal ziehen diese Tripolitanerinnen am Feiertage die moderne Tracht mit den kurzen Röckchen und beigefarbenen Seidenstrümpfen an, und dann möchte man sie wirklich die schönsten Frauen nennen. Welch ein Wuchs! Aber dann brauchte man eigentlich nicht so weit bis hierher zu fahren.

Die Zigeunerin und ich

Seitdem ich in Madrid lebe, also seit ungefähr zwei Jahren, stehe ich in Beziehungen zu einer Zigeunerin. Es ist das eine jener Zigeunerinnen, die in dem Vorort Cuatro Caminos hausen und jeden Mittag in die feinen Straßen der Stadt gehen, um zu betteln.

Aber sie betteln nicht so bescheiden wie die richtigen spanischen Bettler, die geduckt an der Wand stehen; sie gehen mit ihrem eigentümlich latschenden Schritt durch die Menge, treten an dich heran und strecken die Hand aus, als hätten sie ein Recht, etwas zu fordern; und sie haben ja auch ein Recht, etwas zu fordern.

Meine Zigeunerin ist weder schön noch jung, aber es läßt sich leicht erkennen, daß sie einmal schön und sehr jung gewesen ist, und damals muß der Umgang mit ihr außerordentlich anregend gewesen sein; sie hat grüne Augen.

Nur ihr Name stört mich etwas: sie heißt Carmen, und Carmen kann jede heißen, es ist hier ein Name wie bei uns Minna; schöner wäre es gewesen, wenn sie Ximena geheißen hätte. Doch bin ich dieses Verhältnis ja nur eingegangen, um mich im Spanischen zu üben und Sprachkenntnisse zu erwerben, die man dann im Umgang mit hohen Kreisen verwenden könnte.

Wir machten unsere Bekanntschaft so: In der Straße Zum heiligen Hieronymus – so heißen hier die Straßen – trat sie mir entgegen, ein kleines blondgelocktes Kind auf dem Arm. Dieses Kind schien mir – soweit ich mich auf Kinder verstehe – ungefähr drei Monate alt zu sein und sich einer blühenden Gesundheit zu erfreuen. Aber die Zigeunermutter erklärte, ihr Kind litte an allen nur möglichen Krankheiten und werde demnächst an der Auszehrung sterben, wenn nicht schnelle Hilfe eingriffe; worauf ich mich erweichen ließ und die arme Frau in eine Apotheke führte.

Dort kaufte ich eine riesige Konservenbüchse Kindermehl und schenkte ihr noch eine Peseta dazu. Sie sah mich an, und ihre Augen füllten sich mit Tränen. Aber das waren nicht etwa Tränen der Rührung ob meiner Güte, wie ich vermutete, es waren Tränen der Reue über die Untat, die sie auszuführen im Begriffe stand. Denn als wir uns auf der Straße getrennt hatten und ich mich nach einer Weile umdrehte, sah ich, wie sie mit der Konservenbüchse in die Apotheke zurückging und zwei Minuten darauf ohne die Konservenbüchse wieder herauskam.

Acht Tage später begegnete ich ihr wieder in der Straße Alcalá – Ton auf dem letzten a –, wo zur Mittagsstunde die besseren Elemente spazierenzugehen pflegen. Diesmal trug sie das blondgelockte Kind nicht mit sich, dagegen war sie guter Hoffnung, und zwar so vorzüglicher

Hoffnung, daß es jeden Augenblick kommen konnte.

Ich machte einige ironische Bemerkungen über dieses schnelle Glück, aber man soll zu Zigeunerinnen keine ironischen Bemerkungen machen. Sie trat einen Schritt zurück, und ihre grünen Augen wurden schwarz. Dann breitete sie ihr Umschlagtuch auseinander und forderte mich laut und gebieterisch auf, mich eigenhändig von der Echtheit ihres gesegneten Zustandes zu überzeugen.

Selbstverständlich erregte diese Szene das größte Aufsehen, die besseren Elemente bildeten einen Kreis um uns und betrachteten mich finster als einen Wüstling.

Seit jener Stunde bin ich diesem Weibe verfallen. Obgleich sie jetzt immer nur zehn Centimos bekommt, läuft sie mir nach, sie lauert mir

auf am Zeitungskiosk und am Telegrafenamt; und immer ist das so: Entweder ist sie guter Hoffnung, oder sie hat ein drei Monate altes Kind, sechs Stück sind es in diesen zwei Jahren mindestens schon gewesen. Und wie das in diesem Klatschnest Madrid nun einmal so ist: Alle diese Kinder werden mir von meinen guten Freunden in die Schuhe geschoben.

Was aber die Übung im Spanischen betrifft, so reden wir meistens von Diphtherie, Brechdurchfall und Entbindungen, und mit diesen Sprachkenntnissen ist in den hohen Kreisen nur wenig Staat zu machen.

Jetzt war ich einige Wochen in Berlin. Dort besah ich mir den Leuchtturm auf dem Potsdamer Platz, die Kinos am Zoologischen Garten und den Entwurf zu dem neuen Beethoven-Denkmal, auf dem dieser Komponist in Form einer Gilkaflasche gehalten ist. Dann bin ich schnell nach der Stadt Madrid zurückgekehrt, wo die Straßen Zum heiligen Hieronymus heißen oder Alcalá, mit dem Ton auf dem letzten a.

Am Zeitungskiosk stand Carmen und trug ein schwarzhaariges Kind auf dem Arm. Als sie mich erblickte, da hat sie, bei Gott, einen gellenden Schrei ausgestoßen und ist mir, mitsamt dem Kinde, um den Hals gefallen, vor allen Leuten! Und nun Schicksal, nimm welchen Lauf du willst.

Dresdener Impressionen

Dresden, im Oktober

Porzellan

Ein zwölf Zentimeter hoher römischer Imperator steht im Schaufenster auf der gläsernen Platte.

Er trägt eine blonde Perücke, auf der ein zierlicher Dreispitz sitzt, und ist bekleidet mit einem Ballettröckchen, ungefähr so kurz wie die Röckchen jetzt, und hohen Schnürstiefeln; und die rechte Hand macht eine schlanke Bewegung, die alles mögliche bedeuten kann. Ist es der Befehl an die Legionen, den Rubikon zu überschreiten, oder ist es eine Kußhand? Wahrscheinlich ist es eine Kußhand.

Das ist ein römischer Imperator aus Meißener Porzellan im Fenster des Antiquitätenlandens.

In das Prozellanmuseum von Dresden im Johanneum geht nie ein Mensch. In der Stille spiegeln die großen Glasschränke, und in diesen Schränken tanzt und tänzelt und glitzert das verwunschene Jahrhundert. Man sollte es sich bei Kerzenlicht besehen. Wachskerzenlicht selbstverständlich.

Thema einer Figur: Ein kleines Mädchen, ein Hündchen in einen Spiegel blicken lassend.

Eine nackte Nymphe mit tränenfeuchten Augen und mit Bocksbeinen.

Eine Schöne in Krinoline hat sich auf die Gartenbank gesetzt. Kommt Amadis und bedrängt sie, daß die Krinoline sich hoch aufwölbt; benutzt Harlekin die Gelegenheit und kriecht unten hinein, in die Wölbung, und schmiegt sich an die Beine der Schönen. Diese Gruppe wiederholt sich häufig und heißt offiziell in der Kunstgeschichte: Krinolinenszene. Es ist übrigens ungefähr dieselbe Gruppe wie in dem Gedicht »Lillis Park« des Dichters Goethe, der, wie wir Germanisten nur zu oft vergessen, die Hälfte seines Lebens eine Rokokofigur gewesen ist.

Und Amor als Tambour kleinfingergroß; und dann kommen die Panduren und Invaliden und Bettler und Janitscharen jener Zeit, die uns so zierlich scheint, und die doch die Zeit der fürchterlichsten Kriege gewesen ist. Der Großtürke aber steigt auf seinen porzellanenen Elefanten, umgeben von allen diesen Mohren.

Das porzellanene China, das Kaiserreich China, ist den europäischen Philosophen des 18. Jahrhunderts als der Hort und der Garten der Weisheit erschienen. So schrieb das Voltaire.

Dementsprechend sind hier die Meißener porzellanenen Chinesen nur mit den weisesten Dingen beschäftigt. Der eine trägt einen hohen spitzen Hut und hält in den Händen einen Käfig mit einem Kakadu dadrinnen. Der andere hat einen dicken Bauch und hockt am Boden, lacht und wackelt mit dem Kopf, sooft man ihn anstößt; das war das China des 18. Jahrhunderts, kann es etwas Weiseres geben?

Wenn der Doktor Sunjatsen einen dicken Bauch gehabt hätte und wenn er mit dem Kopf gewackelt hätte, China wäre noch heute eine Großmacht, reich und weise. Aber nein, sie sollten ganz modern werden und piekfein wie Europa und soziale Frage usw. . . ., und nun seht einmal hin, was aus dem Garten der Weisheit geworden ist.

Grünes Gewölbe

Hohe dünne Elfenbeinbecher stehen vor dem alten erblindeten Spiegel. Wenn man diese Becher anfassen wollte, würden sie entzweigehen. Der Herr Hofdrechslermeister hat ein halbes

Jahr lang mit äußerster Vorsicht und Kunst an einem solchen Becher gearbeitet, der nicht den geringsten Zweck hatte; und wie schön stehen sie nun da vor dem alten Spiegel, in dem sich die Auroren des Königlich Polnisch-Sächsischen Hofes gespiegelt haben. Denn am schönsten ist doch immer das Überflüssige.

Eine Kriegsfregatte ganz aus Perlmutt mit hochgeschwellten Segeln. Die gewappneten Krieger, die darauf stehen, haben perlmuttene Bäuche.

Dann bitte ich um die Erlaubnis, auf meine Lieblingsuhr im Grünen Gewölbe aufmerksam machen zu dürfen, die Uhr mit den gläsernen Kugeln. Die ist so: Ein runder silberner Turm, etwa eine Elle hoch. Um diesen Turm läuft eine silberne Galerie in Spiralen von oben nach unten immer ringsherum. Jede Minute fällt oben aus dem weitgeöffneten Munde eines silbernen Greises eine kleine gläserne Murmel und läuft nun hurtig immer rundherum herab und verschwindet unten in einer kleinen silbernen Tür, und wenn sie verschwunden ist, dann ist gerade eine Minute vorbei.

Vor dem Kriege war diese Uhr im Gange, und oft habe ich vor ihr gestanden und mit meiner Taschenuhr in der Hand nachgemessen, ob die Zeit des Grünen Gewölbes richtig ging. Sie ging richtig. Jetzt hat man die Uhr stehen lassen, vielleicht, weil die Minuten aufhörten, Ähnlichkeit mit gläsernen Kugeln zu haben.

Lehre eines Besuchs im Grünen Gewölbe: die schönsten Materialien der Welt sind nicht die Edelsteine und Perlen, auch das Gold nicht. Die schönsten Materialien der Welt sind: Bernstein, Perlmutt, Elfenbein, Ebenholz, Jade und altes erloschenes Silber.

Der Fall Raphael

Jedesmal, wenn ich nach Dresden komme, gehe ich mit einem Gefühl der Bangigkeit in die Galerie und in jenen kleinen Saal, in dem die Sixtinische Madonna zwar pompös, aber schlecht beleuchtet untergebracht ist. Jedesmal frage ich mich, wie wird dieses Bild sich meinen Augen darstellen, die doch im Wandel der Zeit sich änderten und in ihrem Empfinden wechselten. Aber ebenso gerechtfertigt wäre vielleicht die Frage: Wie werde ich ihren Augen erscheinen, diesen furchtbar reinen Augen der Italienerin, von denen ein großer Mann gesagt hat: »Ihre Augen sind wie das jüngste Gericht.«

Kurz vor dem Kriege machten das Bild und sein Meister eine Krisis durch. Es war die Zeit des endenden Impressionismus, unsere Sinne hatten sich durch Jahrhunderte an zarte und duftig gazöse Töne gewöhnt, nichts Kräftiges galt mehr, ja außerhalb des Porträts war die Darstellung der menschlichen Figur verpönt; der süßliche, limonadige Sezessionismus kam hinzu, um die Zeit zu entnerven. Damals brach die Herrschaft Böcklins zusammen. Und noch erinnere ich mich der peinlichen Enttäuschung, mit der ich damals in diesem sixtinischen Saale gestanden habe.

Jetzt nach stürmischen Jahrzehnten stehe ich wieder vor ihr. Gott sei Dank, es ist vorüber. Der Fall Raphael ist abgeschlossen wie der Fall Böcklin. Ich glaube, auch die Modernsten – von denen im unteren Geschoß der Galerie ganz wunderbare Bilder ausgestellt sind –, auch die Allermodernsten sehen jetzt mit Scheu auf zu diesem Triumph.

Wir vertragen wieder die Leidenschaft und die festliche Gebärde, das Innige und das Himmlische. Ist denn in allen diesen expressionistischen Evolutionen, die uns Älteren so bedenklich schienen, nicht immer ein Heimweh nach der Passion und nach dem Abenteuer gewesen? Ein heimlicher Faschismus geht durch die Welt.

Besser so; es gibt Perioden und Geschlechter, die ein jüngstes Gericht nicht verdienen. Aber ich möchte in einer solchen Periode nicht leben und nicht sterben.

Verboten

Vor dem Kriege hatte ich mir eine Sammlung von Verbotstafeln zugelegt. Das heißt, ich hatte natürlich nicht die Verbotstafeln selbst gesammelt, denn es ist verboten, Verbotstafeln zu entfernen; es war vielmehr eine Sammlung von Abschriften. Unglaublich, was alles verboten ist bei den Menschen. Es ist verboten, weiterzugehen und stehenzubleiben und laut zu lachen und lebende Ferkel auf die Straße zu stellen.

Ganz seltene Exemplare hatte ich in meiner Sammlung, so das aus Süditalien stammende: »Es ist verboten, Morra zu spielen!« und das Prachtstück der Sammlung: »Es ist verboten, den Hut abzunehmen«, das ich in einem sächsischen Postamt gefunden hatte.

Aus Frankreich waren nur ganz wenige Stücke da, eigentlich nur eines, das durch seine Geschichte interessant war. Am See des Bois de Boulogne stehen große niedrige Tafeln, auf denen mitgeteilt wird, daß das Angeln verboten ist. Und da ist nun einmal dieses geschehen: Ein Angler hatte sich gerade neben eine dieser Tafeln gesetzt und seine Schnur ausgeworfen. Dann war ein Polizist gekommen und hatte zugesehen. Und weil es zu lange dauerte, bis ein Fisch anbiß, hat der Polizist sich dann schließlich einfach auf die Tafel gesetzt und weiter zugeschaut.

Das Land, das die meisten Verbotstafeln aufweist, ist aber nicht, wie man meinen könnte, Deutschland, sondern die Schweiz: In diesem freien Lande ist jeden Schritt etwas verboten, und je weiter man hinaufkommt, um so häufiger werden Tafeln und Stacheldraht.

Allerdings sagt Schiller: »Auf den Bergen ist Freiheit.« Aber das wäre nicht die erste schiefe Phrase, sie sich bei unserm geliebten Nationaldichter findet.

An diese meine Sammlung wurde ich nun jetzt wieder einmal erinnert, als ich auf einer Wiese bei München eine ganz merkwürdige Verbotstafel entdeckte. Eine Tafel mit der Inschrift: »Es ist verboten zu exerzieren!«

Das ist ein so herrliches Stück, daß ich mich beinahe veranlaßt fühle, meine Sammlung von neuem zu beginnen.

Oh, hätte doch solch eine Verbotstafel seit fünfzig Jahren an sämtlichen Wiesen, Plätzen, Kasernenhöfen usw. der bewohnten Erde gestanden, und wäre sie auch befolgt worden!

Über marmorne Stufen

Sie bauten ein neues Museum für die Kunst und legten darin eine große breite Treppe an. Und deckten die Stufen dieser Treppe mit Platten weißen, spiegelblanken Marmors.

Der Dichter blieb am Bauzaun stehen, sah durch die Ritzen (wie Dichter ja gemeinhin immer durch Ritzen sehen) und freute sich über diese Marmorstufen.

Es war ein italienischer Marmor, weiß und sanft wie Milch; und träumende Adern zogen durch ihn als im Spiel einer Laune und doch ewigen Gesetzen gemäß. Sie zogen schattenblau durch den Stein und versanken still in seiner klaren Tiefe.

Über solche italienische Marmortreppe geht es sich edel und gut. Man wird größer und besser, wenn man über Marmor schreitet. Die Seele, des ewigen Pflastertretens müde, streckt sich aus, reckt unsichtbare Organe und läßt kühle Palastluft in sich einziehen. Tasso schritt über solchen Marmor, als er die Strophen von Jerusalem sann; jene Strophenreihen, die hoch sind wie Säulengänge.

»Jeden Tag«, so sagte der Dichter, als er durch den Bauzaun sah, »jeden Tag werde ich in dieses Museum gehen und über diese weiße Treppe schreiten, einmal hinauf und einmal hinunter. ganz still.«

Aber als das Museum fertig war und der Dichter zum ersten Male hinging, da gab es eine Schwierigkeit. Denn man hatte die weiße Marmortreppe mit grünem Linoleum zugedeckt, damit die Leute nicht ausrutschen. Feinstes, gediegenes, prima Linoleum, dauerhaft, und kann unbeschadet mit warmem Wasser und Soda gewaschen werden.

Nur rechts und links war je ein schmaler Streifen des reinen Steines frei geblieben. Und diesen schmalen Streifen schritt der Dichter vorsichtig und leise hinan. (Wie Dichter ja so gemeinhin immer am Rand der menschlichen Wege entlang zu gehen pflegen.)

Kastans Panoptikum

J. Kastan, von Temperament und Beruf ein revolutionärer Mann, liebt doch die alte, gute Zeit. Diese zwiespältige Tendenz findet sich merkwürdigerweise bei vielen Revolutionären, so bei Danton, mit dem Kastan ja auch sonst noch manches gemeinsam hat. Wenn Kastan von dem alten Berlin erzählen oder schreiben kann, ist er glücklich, und sein Zuhörer oder Leser ist auch glücklich.

Jetzt hat der Vierundachtzigjährige bei Hoffmann und Campe wieder so ein Erzählbuch herausgegeben: »J. Kastans Lustiges Panoptikum; drollige Geschichten aus verklungener Zeit«. Ein Vierundachtzigjähriger schrieb es … und es ist vielleicht sein frischestes Werk geworden.

Da wird von dem kuriosen Friedrich Wilhelm III. erzählt und von dem vierten König dieses Namens, der unter den Hohenzollern der einzige Witzige gewesen ist und deshalb abgesetzt wurde. Bei Lutter und Wegner sitzen Theodor Döring, Glaßbrenner und der Lustspieldichter Moser, denn damals konnte man noch Lustspiele schreiben. Mommsens Droschkenkutscher ist betrunken, da steigt Mommsen auf den Bock und fährt den Mann durch ganz Berlin nach Hause. Frau Du Titre hat einen königlichen Händedruck erhalten; nun läßt sie den Handschuh einrahmen und setzt darüber die Inschrift »Mir hat mein König drangefaßt«. Friedrich Wilhelm III. will seiner geliebten Balletteuse, Fräulein Wand, zu Weihnachten seidene Röcke schenken; sein Sohn, jener Witzige, betrachtet diese Röcke und sagt nachdenklich: »Die wird Fräulein Wand sehr hoch aufnehmen.«

Wir machen heute hin und wieder auch noch Witze, aber sie sind nicht mehr so schummrig. Und es ist noch sehr die Frage, ob einer von uns diese Witze aufschreiben wird, wenn er vierundachtzig Jahre alt geworden ist.

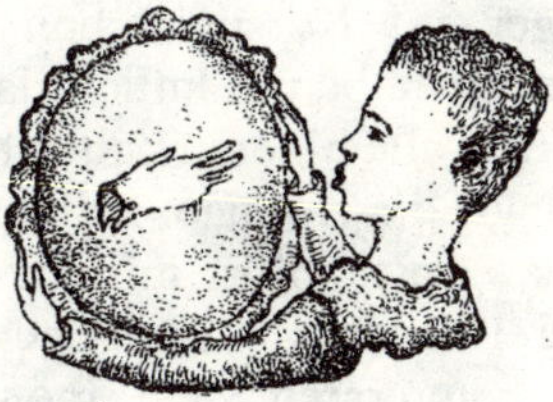

Schach

Die Berliner Schachfreunde haben eine neue Methode dieses Spieles erfunden, die sie das Blitzschach nennen und in ihrem Café vorführen. Das Blitzschach besteht darin, daß man zwischen den einzelnen Zügen nur zehn Sekunden überlegen darf, so daß eine mittlere Partie ungefähr fünf Minuten dauert.

Wenn es gelänge, die Figuren durch Elektrizität zu bewegen, würde man sogar noch mehr Zeit gewinnen, worauf es beim Schachspiel hauptsächlich ankommt.

Das erinnert mich daran, daß wir im Gefangenenlager auf Korsika schon etwas Ähnliches erfunden haben, nämlich das Artillerieschach, bei dem alle Figuren sich so bewegen und so schlagen wie die Königin. Selbstverständlich begann dieses Spiel sofort mit einer fürchterlichen Holzerei und war nach einigen Zügen aus. Und als ich zum ersten Male eine solche Partie spielte, habe ich erkannt, daß zwischen dem Schach und dem Fußballspiel eine gewisse innere Verwandtschaft vorliegt.

Die Perser allerdings, die das Schach erfanden, haben von diesen Späßen sicher noch nicht das geringste geahnt. Die saßen auf dem bunten Teppich um das Brett mit den vielen Figuren, und wenn ein Zug besonders schwierig und reich an Möglichkeiten war, so geschah es, daß sie

Stunden oder Tage darüber nachsannen. Im Kreise herum aber hockten die Kiebitze und flüsterten untereinander voll Ehrfurcht und auf Persisch.

Diese Leute standen, wie man sieht, auf einer viel tieferen Stufe der Intelligenz als wir; es waren wohl noch halbe Tiere.

Immer, wenn ich die Fixigkeit betrachte, die in unserer lieben Stadt betrieben wird, immer dann wundere ich mich, warum man bei uns noch nicht die Automobilleichenwagen eingeführt hat, die sich in anderen Städten, zum Beispiel in der Schweiz, auf das erfreulichste bewährt haben.

Das ist eine höchst patente Einrichtung, die eine prompte Aufräumung ermöglicht. Das Leichenauto fegt und tutet durch die Straße und nimmt die Kurven, daß die Funken stieben; und hinterdrein jagen in den anderen Automobilen

die Hinterbliebenen, gramgebeugt und mit der Uhr in der Hand.

Auch der Tote kann immer noch einen Rekord brechen. Und ich glaube, erst im Grabe werden wir einsehen, wieviel Gutes die Ruhe hat und wie förderlich für die Gesundheit es ist, wenn man sich einmal ordentlich ausstreckt und still verhält. Aber dann dürfte die Einsicht etwas spät kommen.

Sechs Tage

Eines hat der Mensch sofort heraus, wenn er in solchen Sportpalast tritt, nämlich, daß jetzt in Berlin wenig gebadet wird. Wer kann sich heutzutage noch so etwas leisten?

Eine Wolke steht in dem Saale fest und bedeckt grünlich – mit gelbem Einlauf – die sportlichen und gesellschaftlichen Ereignisse des Abends.

Nach einer Viertelstunde ist dem Besucher zumute, wie einer Bouillon mit Ei zumute sein muß. Nach einer Viertelstunde riecht der Besucher auch so, wie eine Bouillon mit Ei zu riechen pflegt.

Da unten in der Tiefe drehen sich acht Radler um die Ellipse, und diese acht Radler sind das berühmte Sechstagerennen. Einer ist rot, einer gestreift, und einer trägt eine Zipfelmütze.

Während des Fahrens sprechen sie miteinander. Wahrscheinlich erzählen sie sich Witze, um sich die sechs Tage zu vertreiben.

Aber da wird an der großen Leinwand ein Wettbewerb ausgeschrieben. Wer in der nächsten Runde gewinnt, erhält als Lohn einen kompletten Kinderanzug aus echtem Tuch; Preis 125000 Mark.

Und nun sind plötzlich aus den acht Radlern

zehn geworden, und sie fliegen hoch gegen die Kurven auf. Und wir alle schreien Ha, He, und jemand schießt mit der Pistole; und wie der Rote, weit vor dem in der Zipfelmütze, durch das Ziel geht, da wissen wir alle, daß wir einem Event beigewohnt haben.

Morgen werden die Sportzeitungen darüber berichten, die in Deutschland mehr gelesen werden als die Balladen Schillers.

In den Logen sitzt die Creme und trinkt helles Bier. Eine der Damen hat, täuscht mich nicht alles, die nackten Beine auf den Tisch gelegt. Beim Nähertreten bemerke ich, daß es nicht die Beine sind, sondern ihre Arme; aber wer soll das alles auseinanderhalten!

Gar kein Zweifel dagegen wird über die beiden Witwen bestehen, die auf und nieder unermüdlich durch die Menge streichen. An ihren langen schwarzen Schleiern kann man sehen, daß sie die Gatten erst kürzlich verloren haben; aber das Leben geht weiter.

Verrenkung der Schultergelenke, Knochenbruch, Kopfverletzung ... so meldet jetzt die Schrift auf der Leinwand; und das Orchester spielt dazu die alte Weise »Der liebe Gott geht durch den Wald«.

Wie sich überhaupt hier wieder einmal gut erkennen läßt, daß der Sport die Ertüchtigung der Rasse bewirkt. Man braucht nur die Gesichter in den oberen Rängen anzusehen.

Wege zum Glück

Ob es Mittel gibt, über die Not der jetzigen Zeit hinwegzukommen und trotz aller Schwierigkeiten gewissermaßen glücklich zu bleiben? Es gibt solche Mittel, und einige von ihnen sollen der leidenden Menschheit nicht länger verschwiegen bleiben.

Dieser Tage erschien in einem Schweizer Verlage ein Buch über die Brombeerarten des Kantons Aargau. Der Verfasser dieses Buches hat alles, was sich an Brombeeren in seinem Gebiete fand, durchgearbeitet, und es war ihm gelungen, einige tausend Arten festzustellen, nebst einer unermeßlichen Zahl von Spielarten und Kreuzungen; darunter viele Formen, die vor ihm noch kein Forscher beobachtet hatte und die in keinem Werke stehen. All das hat er sorgsam verzeichnet, eingeteilt und mit den nötigen Bemerkungen versehen.

Und sehen Sie, lieber Leser, der Mann ist, solange er dieses Buch schrieb, ein wahrhaft glücklicher Mensch gewesen. Wenn er am Sonntag seine Sträucher sammeln ging, und wenn er sie abends bei der stillen Lampe in Ordnung brachte, war die Welt mit ihrer Valuta für ihn versunken; und wenn er das Glück hatte, im einsamen Steinbruch eine noch unbekannte Art zu entdecken, war er seliger, als Herr H. Stinnes beim Ankauf einer neuen Zeitung sein kann.

Nun will ich damit nicht sagen, daß sich alle Welt auf die Brombeeren werfen soll, besonders da dieser Gegenstand offenbar schon genügend wissenschaftlich bearbeitet wird. Aber etwas Ähnliches müßte versucht werden, denn in dieser Richtung liegt das Glück. Und einen Sonntag hat auch der Geplagteste, und Abende, die er sich frei halten sollte für seine Narretei und seine Heimlichkeit.

Jedes Sammeln ist heilsam und hilft hinweg über die Tage mit ihrem Lärm. Eine Geschichte der Gabel im Wandel der Zeiten ist auch noch nicht geschrieben und würde ein Menschenleben ausfüllen. Und wenn dir das zu umständlich ist, so kaufe dir den betreffenden Reclamband und zähle nach, wieviel Semikolons in Goethes Wahlverwandtschaften vorkommen. Du wirst nicht nur Ruhm gewinnen und gefeiert werden als ein Germanist, die Welt wird dir auch nichts anhaben können in deinem Bau.

Gewiß soll der Bürger seine Pflicht tun und

mitkämpfen an den politischen Kämpfen der Zeit; aber nie soll er vergessen, daß Politik und Staat nur Mittel zum Zweck sind, daß sie die stille Stunde vorbereiten sollen, die die Hauptangelegenheit des Lebens bleibt; und eine falsche Spekulation und Wirtschaft wäre es, immer zu bereiten und das Bereitete nie in die Hand zu nehmen.

Das wären so einige Fingerzeige und Winke. Ich bin mir nicht ganz sicher, ob die Börsenmagnaten meinen Ratschlägen folgen werden; aber dann sollen diese Börsenmagnaten nicht immer darüber Beschwerde führen, daß das Leben zu kurz ist und keine Freude bietet.

Für und Wider

Soll der Mensch Alkoholiker sein oder Antialkoholiker? Das ist eine der großen Fragen, die das Zeitalter bewegen.

Auf diese Frage gibt es nur eine vollständig befriedigende Antwort: man soll beides sein. Selbstverständlich nicht gleichzeitig, das geht leider nicht, aber nacheinander und abwechselnderweise.

Nämlich so: der Streit kommt nur daher, daß die Gegner einander nicht kennen. Der Temperenzler weiß nichts von der Festlichkeit eines Glases Mosel, so am Sonntagstisch genommen wird, deshalb schmäht er den Wein. Der Alkoholiker seinerseits hat nie erfahren, wie ein wochenlanges Trinken von Lindenblütentee auf die Magensäfte, Herzklappen usw. wirkt, und macht sich über die Mäßigkeit lustig. Wenn man die Sache abwechselnd betreibt, lernen wir die Vorzüge beider Systeme schätzen, und der Streit ist aus.

Ich beispielsweise trinke meistens ziemlich. Aber alle Vierteljahr mache ich einen Ruck und höre auf; und dann ist es erstaunlich, wie sich mit diesem Ruck das Leben und überhaupt das ganze Weltall verwandelt. Die tägliche Straße ist kürzer geworden. Die Treppe, die du ächzend stiegst, springst du jetzt in einigen Sätzen hinauf; und du selbst bist in den Kleidern um

Zentimeter gewachsen. Freilich ist der Tag etwas leer; aber spät abends, nach aller Arbeit, bist du noch klar genug, um ein schwieriges Kapitel Montaignes zu verstehen und in allen seinen syntaktischen Fasern zu genießen.

Und nachdem dieser Zustand genügend gedauert ... oh, welch ein Prangen ist's, wenn das erste Glas Bordeaux über die ausgedörrten Schluchten des Innern niedergeht; junge Keime sprießen rührend, hastige Blumen entfalten sich, und die Baumwipfel des Traums wiegen sich regenschwer.

Auf jeden Fall steht es historisch fest, daß die Griechen getrunken haben wie die Bürstenbinder und deshalb das geistig fruchtbarste Volk der Zeitläufte gewesen sind. Und als Sophokles starb, setzten die athenischen Stadtverordneten auf sein Grab ein Bronzebild des Trinkgottes Dionysos, den sie als den Vater der Tragödie und aller Kunst anzuschauen sich mit Recht vermaßen.

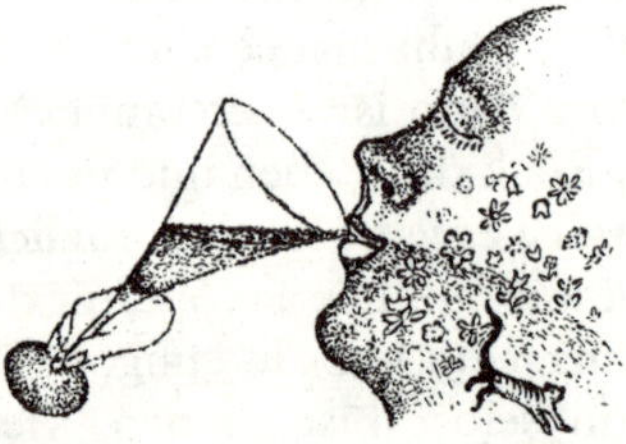

Dagegen ziehen die Amerikaner das Kauen von Gummi vor. Man steckt ein Stück Hartgummi in den Mund und kaut es, was eine erfreuliche Zunahme des Speichelflusses zur Folge hat. Wer eine Pause machen will, der holt das Gummistück aus dem Munde hervor und klebt es unter die Tischplatte, von wo er es später wieder nehmen und aufs neue genießen kann.

Doch ist dabei Vorsicht geboten: es kommt häufig vor, daß man versehentlich ein fremdes Gummistück nimmt, das ein Geschäftsfreund unter der Tischplatte vergessen hat.

Meine Filmideen

Ich habe sehr viele Filmideen. Also Entwürfe für kinematographische Darbietungen, seriös-dramatische, sensationelle und naturwissenschaftliche, davon habe ich massenhaft. Aber ich schicke es nicht ein, weil mir die gegenwärtige Filmbühne meinen Plänen nicht künstlerisch genug erscheint.

Ein paar Proben, die ich den Herrn Regisseuren gern überlasse, kann ich immerhin schon jetzt geben.

Also zuerst etwas Seriös-Dramatisches. Ein junges Mädchen aus bestem Hause ist mit einem Baron verlobt. Kurz vor der Hochzeit stirbt sie, das heißt sie stirbt eigentlich nicht, sondern ist nur scheintot und wird so begraben. Von da an wird der Film im Sarge gekurbelt. Im Sarge erwacht das Mädchen aus bestem Hause und gebiert Zwillinge. Sie nimmt sich ihrer Kinder mit mütterlicher Liebe an, soweit das der enge Raum gestattet, und säugt sie an ihren Brüsten. Durch das hierbei entstehende Geräusch wird der Totengräber aufmerksam und ruft Hilfe herbei. An der Spitze einer Rettungsmannschaft gräbt der Baron in fieberhafter Eile das Grab auf, aber in dem Augenblick, da man den Sarg erreicht, stirbt die Mutter mitsamt ihren Kindern an Erstickung. Tief bewegt steht der Baron an dem Grabe seiner schönsten Hoffnungen.

Dies, wie gesagt, eine Probe der seriös-dramatischen Filme. Die sensationellen sind natürlich etwas lebhafter.

Nun noch etwas Naturwissenschaftliches. Man kennt die Beschleunigungsfilme, bei denen etwa das Wachstum einer Pflanze schnell in einigen Sekunden vorgeführt wird. Diese Idee übertrage ich auf Menschliches, wodurch das Ergebnis sich noch mehr überraschend gestaltet.

Es wird ein kleines Kind fünf Minuten nach seiner Geburt photographisch aufgenommen. Eine Woche später photographiert man es in genau derselben Stellung; die nächste Woche wieder, und so fort durch zwanzig Jahre. Und nun stelle man sich in zwanzig Jahren das Staunen jenes Publikums vor: ein winziges Kind sitzt da, das plötzlich rrrrrt anschwillt, sich

aufbläht und zu einem ausgewachsenen Sportchampion wird.

Noch eindrucksvoller würde die umgekehrte Wiedergabe sein: der Riesenkerl von Sportchampion, der da vor uns sitzt mit seiner Pfeife im Munde, und nun langsam sssst zu einem kümmerlichen Embryo zusammenschrumpft.

Filmdirektionen, die sich eine längere Lebensdauer zutrauen, sei dieser Gedanke empfohlen. Sie werden mir in zwanzig Jahren dankbar sein.

Mörderchen

Der alte Graf Stanislaus von Wodcinsky hatte keinen Leibeserben, und es stand leider so, daß die Herrschaft und alle diese großen Wälder einmal an seinen Neffen übergehen würden, den Doktor Nikodemus von Korwin in Wien.

Der alte Graf Stanislaus von Wodcinsky war ein großer und grauer Herr und fuhr, wenn man so sagen darf, mit der Hetzpeitsche hinter dem Leben her. Er war der Herr und Eigentümer jener Wälder an der polnischen Grenze, in denen noch das Elchwild in ganzen Rudeln vorkam und die bis zu dem Grund von Kusienice gingen, tief in königlich Polen drin. Und wenn auch das mit den Elchrudeln nur Sage sein mochte und so das Gerede der Leute, so gab es doch zweifelsohne Bären im Walde, und es steht immerhin fest, daß der alte Graf denen persönlich zu Leibe ging.

Dann gab es die großen Jagddiners auf Wodcinsky, und die waren berühmt, um nicht zu sagen berüchtigt in der ganzen Gegend. Es wurde da ein großer Lärm und allerlei Lästerliches vollführt und ging stets bis in den späten, finsteren Wintermorgen; auch erzählte man sich, daß der Graf den finnländischen weißen Kümmel aus Bechern trank, und wenn es dann des Morgens endlich vorüber war, dann mag Gott wissen, welches Dienstmädchen er sich noch aus der Waschküche holte und mit sich ins Bette nahm.

So war der alte Graf Stanislaus von Wodcinsky, den sie den Jägergraf nannten in der Gegend.

Was nun den Doktor Nikodemus betraf, seinen Neffen und Erben, so muß gesagt werden, daß er vielmehr ein kleines, etwas schiefes Herrchen darstellte und immer eine große Brille trug. Baron Nikodemus von Korwin lebte in Wien und war dort ein Universitätsprofessor oder Privatgelehrter, oder sonst solche Federfuchserei, in Verfolg derer er die seltsamsten Bücher zu verfassen sich befleißigte. Diese Bücher waren meistens auf lateinisch geschrieben und wurden von ebensolchen leisen und heimlichen Leuten gelesen, wie der Doktor Nikodemus selber einer war. Sie handelten von antiquarischen Dingen, nämlich von alten Gottesdiensten oder von irgendwelchen vergessenen schwarzen Götterstatuen in dem Museum, deren weiße Emailleaugen hervorleuchteten aus dem Abgrund der Zeitalter. Auch über den Käfer Scarabaeus, den man in Ägypten einst den Gestorbenen aufs Herz legte, damit dieses Herz beim Totengericht stille bleibe und nicht Zeugnis ablege gegen seinen eigenen Herrn. Und von diesen dumpfen Sachen hatte der Doktor Nikodemus eine große Kollektion, Käfer aus grünem und lasurenem Stein, die einst ihr zweideutig Werk getan hatten und nun still und geduckt und heimlich in Reihen lagen unter dem Glase.

Mit so etwas befaßte sich der kleine Doktor Nikodemus von Korwin, und es muß allerdings gesagt werden, daß dieses für den zukünftigen Herrn der Bärenwälder doch vielleicht nicht ganz die richtige Sache sein mochte.

Manchmal kam der Doktor Nikodemus nach Wodcinsky heraus, um anstandshalber seinen Besuch zu machen. Und dann bekam der alte Jägergraf einen Anfall oder so gewissermaßen eine Satanswut und beliebte mit dem kleinen Doktor die merkwürdigsten Späße zu vollführen. Er schlug ihm mächtig auf die Schulter, daß dieser zusammenknickte, schenkte ihm unmäßig viel ein und versuchte, ihm einen Rausch anzufügen; was aber nie gelang, da der Kleine immer ruhig und gelassen blieb und ganz freundlich so durch seine Brillengläser blickte.

Einmal machte der Graf den Scherz, daß er den Doktor vorn an der Hemdbrust faßte und ihn mit steifem Arm hochhob, wie man etwa so eine Katze in die Höhe hebt. Und wie der Kleine da oben fauchte und prustete, sagte er ihm: »Wartest wohl schon auf mein seliges Ende, möchtest mich wohl schon tothaben? Ja, wenn du nur Courage hättest; wenn du nicht solch Jammer wärst, du tätest es schon, du Mörderchen.«

Und bei diesem zweifelhaften Spaße blieb er nun und fand es äußerst witzig, seinen Neffen und Erben Mörderchen zu nennen. In allen Briefen und sonst auch so, Mörderchen hier und Mörderchen dort. Der aber sagte gar nichts und schien seiner Stunde sicher zu sein.

Diese Stunde kam dann auch schnell genug, als der alte Graf Stanislaus einmal des Winters erhitzt von der Jagd zurückkehrte und eine Flasche kalten Champagner heruntertrank. Da wurde er blau im Gesicht, fiel aufs Bett unf begann alsbald einen schlimmen Todeskampf. »Er denkt an den Kleinen und kann nicht sterben«, flüsterten die Diener sich einander zu und hatten Mühe, ihn ordentlich auf das letzte Lager auszustrecken.

Drei Tage später kam der Doktor Nikodemus an, um die Beerdigungsfeier zu leiten. Er kam mit der Bahn an, schritt die Front der Förster ab und wurde durch den Hausmeister in die Kapelle geführt, wo der Alte mit fuchsteufelswildem Gesicht unter dem Kronleuchter aufgebahrt lag. Das sah der Doktor sich durch seine Brille an und schien mit allen Anordnungen auf das beste zufrieden. Nur als er bemerkte, daß man dem Toten seltsamerweise einen kleinen Diamantring an der Hand belassen hatte, war es, als erstaunte er.

Die Förster des alten Grafen, die Grünröcke, stellten sich in einer Reihe neben dem Sarge auf und sangen ein Lied, kalte lateinische Worte erschallten von irgendwoher, und dann sprach lange der Geistliche. Er hatte auch für dieses

Leben voll Heidentum sanfte und passende Worte aus der Bibel gefunden und sprach von der Gnade und der Erlösung, die aller Welt durch Jesum Christum geschehen sei, unseren Herrn.

Der kleine Doktor Nikodemus saß in seinem Ehrensessel und hörte nicht hin. Er sah auf die Hände des alten, die so fromm über dem Herzen gekreuzt waren, und blickte gerade in jenen Diamanten, dessen helles Feuer im Widerschein der elektrischen Krone leicht und regelmäßig zu blinken schien. Er sah in dieses Licht, das war wie ein flimmernder Stern, und träumte. Und erst so in der Mitte der Predigt fiel ihm das auf, und da fragte er sich, warum denn eigentlich dieser merkwürdige Stein da an der Hand so zuckte, an dieser Hand, die auf dem toten Herzen lag.

Er dachte nach, wie das mit der Optik sei. Offenbar spiegelte sich das Licht der elektrischen Krone in einer Fläche des Steines. Schön. Aber das Licht dieser Krone war doch still, warum zuckte der Schein in dem Diaman-

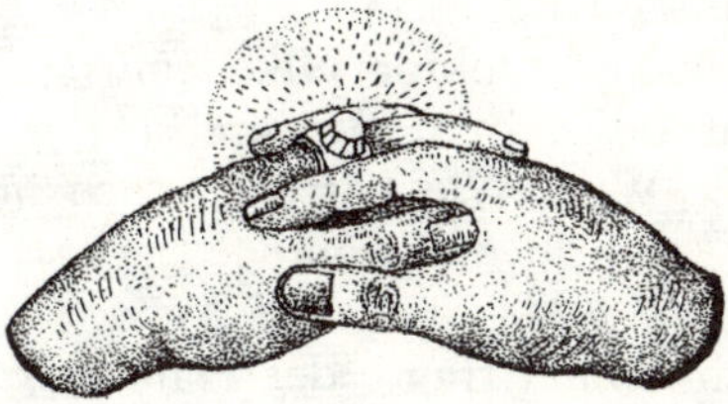

ten so regelmäßig da an der Hand? Der Doktor Nikodemus schloß die Augen, um zu prüfen, ob es nur eine Täuschung sei und ein flimmerndes Blendwerk der eigenen Augenwimpern. Aber als er wieder hinsah, da war es noch dasselbe. Es zuckte und schlug so regelmäßig wie eine Uhr oder wie das Pochen eines Herzens. Eine heiße Welle von Blut ging ihm ins Gesicht. Wie das Pochen eines alten wilden Herzens, das sich noch nicht gab, noch immer nicht. Vor seinen Augen verschwamm die Welt. Die Reihe der Grünröcke da drüben dehnte sich, schlängelte sich und zog in weiten Nebelschwaden durch den verdämmernden Raum; die Stimme des Priesters wurde ganz klein und erscholl aus weiter Ferne; das All zerfloß und flutete. Und mitten in den großen Wogen blitzte scharf ein helles Licht, das zuckte und winkte und rief: ich lebe, lebe, lebe, helft mir doch.

Eine Pause, eine Stille und ein Scharren von Füßen. Der Geistliche war zu Ende und die Kapelle leerte sich. Der Hausmeister trat an den Doktor Nikodemus heran, verneigte sich und fragte, ob man nun daran denken müsse, den Sarg zu schließen.

Der kleine Doktor Nikodemus sah in das Gesicht des Alten, das krebsrot war in gefesselter Wut. Wie hatte er doch immer gesagt: Wenn du nur Courage hättest, Mörderchen.

Noch einmal fragte der Hausmeister, ob es

nun soweit sei, daß man den Sarg schließen könne.

Da sah ihn der Doktor an, lächelte und fragte: »Ja, worauf warten Sie denn noch, mein Bester?«

Und die Schrauben bohrten sich in das Erz und kreischten wie ein Schwarm aufgescheuchter Fledermäuse.

Das Krokodil und ich

Am Vormittag ging ich ins Aquarium, um mir die Tiere anzusehen.

Das ist eines der schwersten Übel dieser Zeit, daß wir so wenig Tiere zu sehen bekommen. Die Pferde, Hunde und Katzen werden immer seltener in den Städten, die Natur zieht sich von uns zurück und überläßt uns unseren respektiven Veranstaltungen.

Deshalb also ging ich in das Aquarium, wo es, wie immer, außerordentlich voll war. Um den Schwanzmolch drängten sich Hunderte von Zuschauern, und vor den Schlangen hatten sich Schlangen gebildet.

Den Haupterfolg aber konnte das große Krokodil verzeichnen, das mit dem Bauch im Wasser lag. Das große Krokodil lag mit dem Bauch im Wasser und beschäftigte sich damit, auf sein Mittagessen zu warten. In dieser Tätigkeit ließ es sich weder durch die Neckereien noch durch die Zurufe der Beschauer stören; es hatte die Augen halb geschlossen, und um seinen für gewöhnlich so ironischen Mund spielte ein Zug von Melancholie.

Lebenskünstler haben oft dicht vor dem Essen einen solchen melancholischen Zug um die Lippen.

Am Nachmittag ging ich in das Fischgeschäft, um einen Karpfen für das Fest zu kaufen.

Das Geschäft, in dem ich meine Fische kaufe, unterscheidet sich von anderen Geschäften dieser Art dadurch, daß in ihm ein Haussegen aufgehängt ist. Dieser Haussegen enthält die Worte: »Wo Glaube, da Liebe; wo Liebe, da Hoffnung; wo Hoffnung, da Gott; wo Gott, da keine Not«, und ist über der Bank angebracht, auf der die Fische zubereitet werden.

»Soll ich ihn gleich totmachen?« fragte mich das Fräulein und lächelte verführerisch.

Ich wäre am liebsten wieder fortgelaufen. »Wenn ich bitten darf«, sagte ich mit heiserer Stimme.

Das Fräulein trug den Karpfen auf die Bank unter dem Haussegen, wickelte ihn in ein Tuch und hieb ihm den Kopf ein. Dann drehte sie sich um und lachte uns alle an und war stolz, daß sie das so fein gemacht hatte.

Das Krokodil wird heute auch Fische zu seinem Mittagessen bekommen haben. Aber

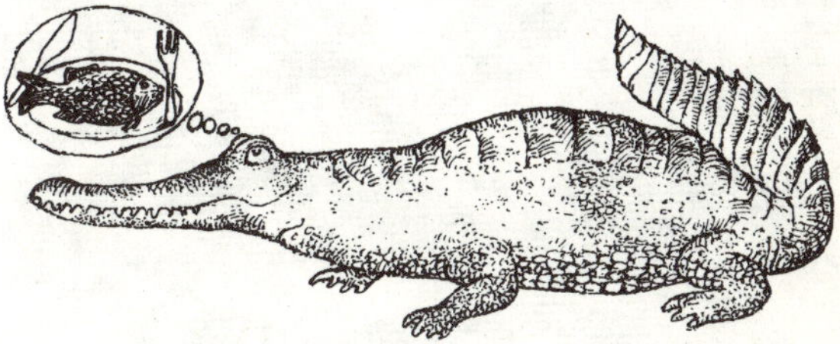

selbstverständlich besitzt dieses Krokodil keinen Haussegen mit Glaube, Liebe und Hoffnung, weil es ja zur Klasse der Reptilien gehört und deshalb keine Seele hat.

* * *

Vielleicht erkennt man die Art der Völker am besten, wenn man über ihre Grenzen geht. Im Augenblick des Abschieds und der Ankunft sind die Sinne mißtrauisch und geschärft, und der Mensch sieht, was er sonst nie sieht.

Suchet nicht!

Haben Sie schon einmal Briefpapier einkaufen wollen? Es braucht nicht notwendig Briefpapier zu sein, es kann auch ein Regenschirm sein oder ein Spazierstock oder irgend so etwas nicht ganz Alltägliches, das man erst suchen muß. Aber bleiben wir des Beispiels halber bei dem Briefpapier und sehen, wie es einem Mann geschieht, der ausgeht, um Briefpapier zu suchen.

Also, dieser Tage mußte ich mir Briefpapier kaufen. »Nun«, so sagte ich laut in meinem Zimmer vor mich hin, »nichts einfacher als das; gerade hier gegenüber ist ein Papierladen. Ich habe ihn tausendmal gesehen, und die ganze Straße hinunter ist ein solch Geschäft neben dem anderen.« Aber wie ich aus meiner Haustüre trat, war der Laden gegenüber gar kein Papiergeschäft, sondern ein Wäscheladen. Merkwürdig; ich hätte darauf geschworen. Und die ganze Straße hinunter war nicht ein Papiergeschäft zu erblicken.

Ich bin eine Stunde durch die Stadt kreuz und quer gelaufen; auf diesem Wege war alles zu haben und zu kaufen, was man nur denken konnte, hunderte Butterläden und Orchideenläden und Zigarrengeschäfte, nur kein Papierladen, den ich suchte. Ja, die seltensten Gewerbe boten sich an: ich sah zwei Sackverleihinstitute, zwei Orgelbauer, einen Laden, in dem es nichts als Antilopenhörner gab, und einen Laden mit künstlichen Busen.

Schließlich hatte ich das Gefühl, daß sich die Papiergeschäfte bei meinem Nahen durch einen Pfiff verständigten und in unzugänglichsten Nebenstraßen versteckten. Ich weiß auch jetzt, wie man es machen muß. Das nächste Mal, wenn ich mir Papier einkaufen will, werde ich laut in meinem Zimmer sagen: »Jetzt gehe ich, mir einen künstlichen Busen zu kaufen.« Dann sind die Papiergeschäfte überlistet, und ich fasse sie.

Denn: Suchet nicht, so werdet ihr finden! (Je länger ich lebe, um so mehr merke ich, daß alle diese Lehrsätze falsch angelegt sind. Hier noch so ein paar: Bittet, so wird man euch die Treppe herunterwerfen. Und: Nehmet, so wird man euch geben.)

Gewendete Sprichwörter

Es gibt ein sehr einfaches Mittel, die Wahrheit der Dinge zu erkennen: du brauchst immer nur das Gegenteil von dem zu glauben, was die Banausen glauben; und dann hast du die Wahrheit.

Und willst du gute Lehren hören, um im Leben vorwärts zu kommen, so ist auch dieses nicht schwer: drehe die altbewährten Sprichwörter in ihr Gegenteil um, und du wirst mit Erstaunen erkennen, wie frisch und brauchbar sie werden.

Jeder rechtschaffene Mann trägt jetzt einen Rock oder Mantel, der mehrfach gewendet worden ist. Und es muß ihm aufgefallen sein, daß immer die andere Seite die bessere Seite ist. Warum soll es mit der Weisheit anders sein!

Hier zum Beispiel einige gewendete Sprichwörter:

Die Taube in der Hand ist besser als der Sperling auf dem Dache.

Es läßt sich nichts so schwer ertragen, wie eine Reihe von schlechten Tagen.

Was ich nicht weiß, macht mich heiß.

Oder: Was ich weiß, läßt mich kalt.

Suchet nicht, so werdet ihr finden.

Sage mir, mit wem du umgehst, und ich werde dir sagen, wer das ist.

Not lehrt fluchen.

Im Anfang war das Schweigen.
Die Armut allein macht nicht glücklich.
Einmal ist immer.
Was du nicht willst, das dir man tu, das füge allen anderen zu.

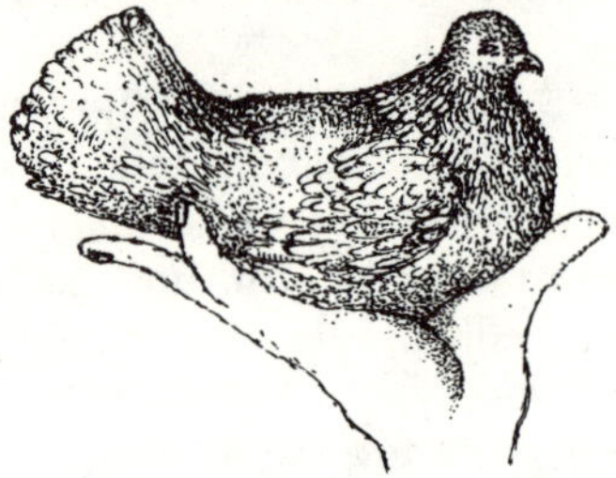

Ora et labora

Es gibt, wie alle Welt weiß, Bienen, es gibt Hummeln und Wespen. Diese drei Arten sind sich nahe verwandt, aber jede hat ihre eigene und besondere Lebensweise und Form.

Die Biene ist die fleißigste unter den dreien. Sie gönnt sich keinen Augenblick Ruhe, arbeitet den ganzen Tag und liefert emsig das Wachs und den Honig, der ihr dann von anderen Leuten weggenommen wird.

Die Wespe baut ja zwar auch ihre Häuser, aber sie betreibt alles viel lässiger und lebt lieber vom Raub. Denn sie ist ein Kavalier, immer tipptopp angezogen, geschnürt und mit gelben Aufschlägen. Wie ein Ulanenleutnant.

Und was die Hummel anbetrifft, so ist sie der Lebenskünstler. Sie geht singend durch den Tag, von Blume zu Blume, wie es sich gerade trifft, und ohne Programm; sie tut nie etwas und lebt doch herrlich.

Schön. Dies alles ist bekannt, und ich sage nichts Neues. Aber da ist nun ein amerikanischer Zoologe auf den Einfall gekommen, die geistigen Fähigkeiten dieser drei Arten zu erforschen. Indem er ihr Gehirn ausmaß und abwog, ihr Aufnahmevermögen verglich und dergleichen.

Das Ergebnis war dieses: die intelligenteste von den dreien ist die Hummel, die niemals etwas tut. An zweiter Stelle kommt die Wespe. Aber auf der allertiefsten geistigen Stufe steht die fleißige Biene, sie hat fast gar kein Gehirn.

Die Biene ist ein Ochse, um es mit einem Wort zu sagen.

Und nun bleibt nur noch zu untersuchen, wie das gekommen ist, und wie das alles zusammenhängt. Arbeitet die Biene, weil sie dumm ist? Oder ist sie von der vielen Arbeit dumm geworden?

Aber, um des Himmels willen, liebe, hoffnungsvolle, junge Leute, die ihr dieses lest, hütet euch, daraus Schlüsse auf menschliche Verhältnisse ziehen zu wollen. Für den Menschen gilt das heilige Grundgesetz, daß er auf diese Welt gekommen ist, um den ganzen Tag vom Morgen bis zum Abend zu arbeiten; um für seine Kinder zu sorgen, die dann ihrerseits für ihre Kinder ebenfalls jeden Tag von Morgen bis Abend zu arbeiten haben werden.

Sollte uns einmal ein Zweifel kommen, sollten wir bemerken, daß dieses Gesetz eigentlich Schwindel ist, so bräche die gesamte soziale Ordnung zusammen.

Und nicht wahr, es wäre doch jammerschade um die gesamte soziale Ordnung?

Interview mit Ithuriel

Mein Freund, der Engel Ithuriel, besuchte mich gestern vormittag in meiner Zelle. Denn er ist einer der wenigen Freunde, die mir in der Gefangenschaft treu geblieben sind.

Als ich noch frei war, damals im Frieden, kam er so ungefähr jede Woche einmal, und zwar liebte er gewisse Gelegenheiten und Stimmungen. Winterabends so um vier Uhr, wenn ich am Kamin saß und das Licht noch nicht angezündet war; dann saß er mir plötzlich gegenüber im Samtsessel und sprach mit mir von den Dingen, auf die es ankommt. Auch in der Sonntagvormittagstille oft in meinem Arbeitszimmer, wenn die fernen Kirchenglocken summen und die Sonne die Bücherreihen der Bibliothek vergoldet.

Am liebsten aber kam er, wenn ich nachts im Café Hohenzollern saß und beim zehnten oder zwölften Glase Kognak war. Er trug dann stets einen eleganten englischen Sportanzug, setzte sich zu mir und war sehr gesprächig. Der Oberkellner, der mich immer mit diesem jungen Manne zusammensitzen sah, hielt uns für zwei Homosexuelle und behandelte uns deshalb mit größter Höflichkeit.

Jetzt also in der Gefangenschaft hat der Engel Ithuriel mich nicht vergessen und besuchte mich gestern. Es war Sonntagvormittag, das ganze

Depot kirchenstill mit fernen Gesängen, und ich saß in meiner Zelle allein bei einer Flasche Rum, die ich von einem korsischen Schmuggler gekauft hatte. Als ich beim zehnten Glase war, hörte ich noch gerade, wie die Kirchenglocken der Bergdörfer zu läuten begannen, und da stammelte ich: »Sternengefährte, das wäre eine Stunde für dich; komm, hebe deinen silbernen Finger und sprich deine Lehre, die schön und gut ist wie Musik.« Und schon saß er vor mir, still und klar wie immer.

Ich fing zuerst an zu reden, denn ich hatte eine Frage auf dem Herzen.

»Sage mir«, so begann ich, »wie denkt ihr da drüben über alle diese Dinge? Meint ihr nicht auch, daß dieses eine gewaltige Zeit ist, die gewaltigste der Geschichte? Noch in Jahrtausenden werden die Bewohner der Erde auf uns zurücksehen mit Bewunderung und Mitleid wie wir auf die Zeitgenossen der Befreiungskriege, aber was ist Waterloo gegen uns? Ja, es fängt wohl eine neue Welt an mit neuen Völkern und anderen Gebräuchen, und alles, was die Zukunft bringt, wird beeinflußt sein von unserem Schicksal und von unseren Gedanken?!«

»Weißt du«, sagte Ithuriel lächelnd, »daß ich vor einer Viertelstunde an dem Planeten Saturn vorbeigekommen bin?«

»Mag sein«, antwortete ich und fuhr unbeirrt fort: »Beachte aber auch dieses: wie wir die Zukunft beherrschen, so wirken wir auch auf die

Vergangenheit zurück. Die ganze Welthistorie wird neu geschrieben werden müssen, denn erst jetzt wird ja klar, auf welche Untat die Begebenheiten der Geschichte hinstreben. Man kann ja auch ein Theaterdrama nicht verstehen, wenn man die Katastrophe des letzten Aktes nicht kennt. Cäsar hat Gallien römisch gemacht; schön; erst jetzt, da wir wissen, wohin das führte, erkennen wir, ob sein Handeln weise war oder wahnsinnig. So stehen wir merkwürdig an der Wende der Epoche, das größte und bedeutendste Geschlecht der Geschichte.«

Der Engel lächelte wieder und hielt mir ein Buch hin, das ich bis jetzt in seiner Hand nicht bemerkt hatte. »Öffne und lies«, sagte er.

Ich öffnete das Buch und bemerkte, daß es in einer fremden Schrift gedruckt war, die ich aber doch zu verstehen glaubte. »Was ist das?« fragte ich.

»Das ist ein Abriß der Kulturgeschichte, der im Jahre 32897 n. Chr. in Peking geschrieben werden wird. Lies getrost die Stelle, die du gerade aufgeschlagen hast.«

Und ich las: »Die erste Hälfte des, nach der sogenannten christlichen Zeitrechnung, zwanzigsten Jahrhunderts, also die Jahre von 1900 bis 1950, ist sehr leer und ereignislos verlaufen. Aber einen unvergänglichen Glanz wirft auf jene ferne Epoche die Persönlichkeit Gustav Müllers, der noch jetzt nach einer so langen Zeit von allen Gebildeten als einer der edelsten

Dichter aller Jahrhunderte verehrt wird. Gustav Müller ist ungefähr im Jahre 1890 in Europa, und zwar in unserer heutigen Provinz Unter-Pei-Po-Pan geboren worden, die damals Deutschland hieß und von dem Stamm der Germans bewohnt wurde. Dort kam er in dem kleinen Flecken Leipzig zur Welt, dessen Ruinen vor einiger Zeit entdeckt worden sind. Über das Leben des großen Dichters wissen wir so gut wie gar nichts. Nach einigen Berichten soll er von Beruf Postassistent gewesen sein, doch sind sich die Sprachforscher nicht darüber einig, was unter diesem dunklen Wort zu verstehen ist.

Das einzige zeitgenössische Dokument, das von der Persönlichkeit Gustav Müllers spricht, wird jetzt als ein kostbarer Schatz in der Kaiserlichen Bibliothek von Peking aufbewahrt.

Es ist der Bericht eines Gerichtsvollziehers und lautet: ›Pfändung bei dem p. Müller ergebnislos verlaufen, da derselbe außer seiner

Kleidung nur einen einbeinigen Kanarienvogel besitzt, dessen Pfandwert als unerheblich angesehen werden mußte. Gez. Brendecke, Gerichtsvollzieher.‹ Aus alledem ist zu schließen, daß die Zeitgenossen Gustav Müller, den Weltdichter, nicht gewürdigt, ja, daß sie ihn kaum gekannt haben. Er starb jung, im Jahre 1917, und zwar scheint er bei einer der Streitigkeiten umgekommen zu sein, die zwischen dem Stamme der Germans und ihren Nachbarn, den Frenchmen (jetzt unsere Provinz West-Pei-Po-Pan), häufig waren. Und erst lange nach seinem Sterben sind seine beiden Epen ›Theano‹ und ›Die Liebe nach dem Tode‹ in den Trümmern eines Wurstladens aufgefunden worden und haben nun durch die Pracht der Sprache, durch die hinreißende Kraft der Ideen fortgewirkt auf alle Jahrtausende.

Die Zeit Gustav Müllers ist still und friedlich gewesen, und wirkliche Kriege gab es in jener glücklichen Epoche noch nicht, nur Grenzstreitigkeiten zwischen den eingeborenen Stämmen. Die Rauferei, bei der Müller sein Leben verlor, hat nur einige Jahre gedauert und höchstens zehn Millionen Menschen das Leben gekostet, kann also nicht als ein Krieg in unserem Sinne des Wortes bezeichnet werden.«

Ich blickte verblödet auf; der Engel war fort, das Buch aus meiner Hand verschwunden. Nur die Rumflasche stand noch da; zu drei Vierteln leer, aber immer noch voll Ahnung.

Drei Wünsche

Eine große amerikanische Zeitung hat an ihre Leser eine Frage gerichtet, die schon in den Märchen vorkommt, aber niemals richtig beantwortet worden ist. Sie hat gefragt: »Wenn der Allmächtige Ihnen drei Wünsche freistellte, um was würden Sie bitten?«

Ich weiß nicht, was die Leser der großen amerikanischen Zeitung geantwortet haben; aber während ich darüber nachdenke, was ich mir selber wünschen würde, erkenne ich wieder einmal klar, wie recht der Professor Einstein mit seiner Relativitätstheorie hat.

Nämlich: wenn ich diese Frage in Berlin zu beantworten hätte (etwa in der Straßenbahnlinie 172 und vor dem Potsdamer Platz für eine halbe Stunde festgefahren), so würden meine drei Wünsche lauten: Erstens: Ich wünsche, daß mir sämtliche Bewohner der Erde den Arsch lecken, einer nach dem anderen. Zweitens: ich wünsche, daß sie noch einmal lecken. Drittens: noch einmal, wenn man bitten darf.

Nun bin ich aber z. Z. nicht in Berlin, sondern liege auf dem Moos des nördlichen Waldes in der Einöde; über mir in den Buchenzweigen zankt seit einer Stunde ein Meisenschwarm, und neben mir liegen die Steinpilze, die ich am Vormittag gesammelt habe; es mögen gut anderthalb Kilo sein. Und wenn ich mich etwas aufrichte, sehe ich in der Ferne das Meer, das hinter den Waldhügeln aufragt wie eine dämmerblaue Wand.

Und in solcher Umgebung und Stimmung äußere ich meine drei Wünsche an den Allmächtigen so: Erstens: ich möchte niemals sterben; zweitens: ich möchte immer genug zum Leben haben; drittens: ich möchte stets so alt oder so jung bleiben wie eben jetzt.

Und nun sollen die Zeitalter kommen und die historischen Epochen und die geologischen Formationen der Zukunft, ich werde mit ihnen im Fluge fertig werden und gedenke mich niemals zu langweilen. Denn für den Weisen ist jeder Tag neu und überraschend. Noch in Jahrhunderttausenden werde ich den Horizont des Meeres so erschüttert betrachten wie eben jetzt; und selbst in jener fernen Zeit werde ich nicht

aufgehört haben, die ersten Steinpilze des Herbstes merkwürdig und reizend zu finden.

Schiller, ein volkstümlicher, aber manchmal etwas oberflächlicher Dichter, schrieb: das Leben ist der Güter höchstes nicht. Wie immer bei Schillerschen Zitaten ist genau das Gegenteil wahr: das Leben ist der Güter allerhöchstes und köstlichstes. Lieber ein Bandwurm sein in dem Innern eines Finsterlings als gar nicht sein.

Und wieviel Bemerkenswertes werde ich erleben, wenn Gott mir meine drei Wünsche gewährt. Neue Erdteile werden entstehen, und die Kreideinsel England wird in die Fluten versinken, mitsamt ihrer großen Bank. Und Kriege, einer immer schrecklicher als der andere, werden um die Erde brausen.

Aber man wird diese Kriege gern ertragen, weil wir bei jedem einzelnen überzeugt sein werden, daß dieser Krieg nun wirklich der letzte sein muß.

Vegetarische Schlemmereien

Wie man, ohne Fleisch zu essen, Fleisch ansetzen kann, dieses etwas schwierige Kunststück lehrt ein vegetarisches Kochbuch von Dr. Julian Marcuse und Bernardine Wörner, das sich »Die fleischlose Küche« nennt und im Verlag von Ernst Reinhardt in München herausgekommen ist. Dreizehnhundertfünfzehn verschiedene vegetarische Küchenrezepte werden da angeführt, so daß man nur vom Lesen ganz nudelsatt werden kann. Auch die Theorie der vegetarischen Küche wird sehr ausführlich behandelt, und das ganze ist ein dickes, stattliches Buch. Wenn die Leser nach Benutzung dieses Werkes ebenso dick werden, so kann man mit dem Erfolg nur zufrieden und einverstanden sein.

Demnach scheint der Vegetarismus jetzt sehr viel üppiger geworden zu sein, als er zu meiner Studentenzeit war. Damals gab es in Berlin sehr viele vegetarische Restaurationen, und wir Studenten gingen hin, wenn wir einen Kater hatten, oder wenn das Geld knapp war, oder wenn wir uns einen Jux machen wollten. In diesen vegetarischen Gasthäusern roch es immer ganz merkwürdig nach warmem Kleister, was außerordentlich appetitreizend wirkte. Ich aber erlaubte mir, frech wie ich schon damals war, bisweilen den Witz, daß ich bei der Kellnerin ein

Beefsteak bestellte, aber ohne Zwiebeln. Dann lächelte diese fleischlose Kellnerin so trübselig, wie man lächelt, wenn man zu viel Wirsingkohl ißt; und, weiß Gott, auch dieses Lächeln war wie warmer Kleister.

Jetzt also ist der Vegetarismus opulent geworden, und in dem dicken Kochbuch werden die saftigsten Sachen beschrieben. Beispielsweise vegetarische Wurst. Sie wird bereitet aus einem halben Pfund Haselnuß, zwei in Milch eingeweichten Semmeln, einer halben Zwiebel und ein wenig Zucker. Das Herz lacht einem dabei, nicht wahr? Auch Grünkernbraten und Hackebraten werden verführerisch beschrieben und dürften viele Liebhaber finden, aber das schönste ist doch, daß es auch vegetarischen Gänsebraten gibt. Um eine vegetarische Gans zu machen, nimmt man ein Pfund gelber Erbsen, ein Stück Butter, einen achtel Liter Rahm sowie etwas Zwiebel, Salz und Maggi. Diesen

Brei rührt man tüchtig durcheinander, kocht ihn auf, und die Gans ist fertig.

Wie schade, daß der liebe Herrgott am Schöpfungstage dieses einfache Mittel, Gänse zu machen, noch nicht gekannt hat. Er hätte sich dann nicht mit den natürlichen Gänsen zu plagen brauchen, die vermutlich sehr viel widerspenstiger und schwieriger herzustellen sind.

Sie flechten und weben

Das Fräulein, bei dem ich jetzt meine Wurst kaufe, hat eine ganz erstaunliche Ähnlichkeit mit der Lavinia des Tizian, die im hiesigen Museum hängt. Es ist derselbe große starre Blick und dasselbe weltberühmte Kinn.

Der Unterschied besteht eigentlich nur darin, daß die Lavinia eine goldene Schüssel mit Orangen und Melonen in den Händen hält und daß dagegen das Fräulein dem Kunden ein Paket mit Wurst über den Ladentisch reicht.

Aber dieser Unterschied ist auch nicht besonders groß.

Als ich die Ähnlichkeit zum ersten Male bemerkte, war ich so betroffen, daß ich das Wurstfräulein eine Minute lang sprachlos anstarrte. Selbstverständlich weiß das Wurstfräulein gar nicht, daß es eine Ähnlichkeit mit der Lavinia des Tizian hat; deshalb wunderte es

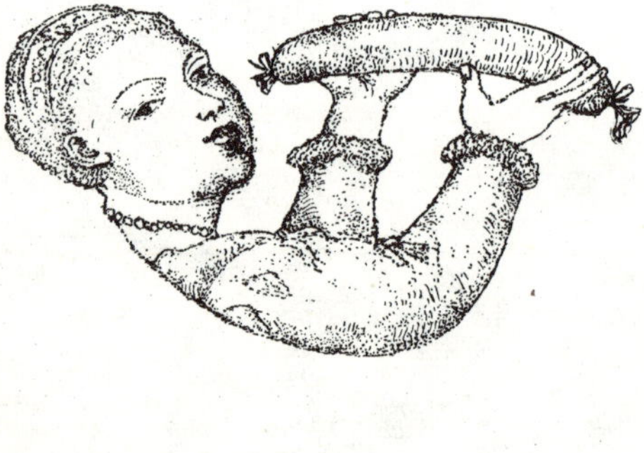

sich, als ich es so ansah. Wie Wurstfräulein nun einmal sind, vermutete es wohl, daß ich unzüchtige Absichten im Sinne trage.

Seitdem verläuft die Sache so: Immer, wenn ich in den Laden trete und das Fräulein erblicke, muß ich an die Lavinia des Tizian denken, und das ist sicher ein Gewinn, denn wir denken ja alle viel zuwenig an die Lavinia des Tizian. Und umgekehrt: Wenn ich in das Museum gehe und die Lavinia des Tizian erblicke, muß ich an das Wurstfräulein denken. Und ob das ein Gewinn ist, weiß ich noch nicht. Immerhin freue ich mich, daß sich eine neue geheimnisvolle Beziehung in mein Leben fügte, denn wir sind arm an geheimnisvollen Beziehungen geworden. So lasse ich das Abenteuer still entstehen und warte ab, wohin es sich wenden will.

Vorläufig scheint es sich dahin wenden zu wollen, daß ich jetzt mehr Wurst einkaufe als vorher. Seit gestern weiß ich auch schon, daß das Wurstfräulein mit Vornamen Senta heißt.

Zwei Leben

Zur Sommerzeit war er im Walde gewesen, bei dem Förster, um sich von dem Lärm zu erholen. Dort war er immer den Bergweg entlanggegangen und hatte auf das leise Singen der Bäume gehört. Und nachdem er das drei Tage lang getan hatte, fragte er sich: »In welchem Leben bin ich denn damals in der Stadt gewesen?«

Täglich lag er einige Stunden auf dem Bauch vor dem Ameisenhaufen und sah dem Treiben dieser Tiere zu. Wie sie sich necken, und wie sie mit ihren Fühlern geheimnisvolle Bewegungen machen, die vielleicht Signale in ein anderes Bestehen sind.

Er hatte keine Bücher mitgenommen und las nichts. Manchmal allerdings hätte er gern etwas im Konversationslexikon nachgeschlagen, aber der Förster besaß kein Konversationslexikon. Oder er hätte gern eine Stelle eines Schriftstellers gelesen, die ihm gerade durch den Kopf ging. Das alles schrieb er sich in ein kleines blaues Heft auf und nahm sich vor, diese Dinge zu Hause in aller Ruhe nachzuholen.

Gestärkt kehrte er in die Stadt zurück.

Auf dem Arbeitstisch lag unter vielen eingelaufenen Papieren ein Brief des Bankiers, der schrieb: »Teile Ihnen von der Emission der Aktien Tonröhrenfabrik Schöne Hoffnung A. G. nom. Mk. 2 Millionen à 450 000 zu und bitte ich um eheste Eindeckung des Betrages.«

Da hieß es natürlich sich beeilen.

Außerdem hatte der Verleger zweimal angerufen, und der Kontrakt hätte längst unterschrieben werden sollen; und überhaupt ist es unglaublich, wieviel Zeit man verliert, wenn man nur für ein paar Wochen weggeht.

Eines Tages fiel ihm das blaue Heft vom Sommer wieder in die Hände, in dem er aufgezeichnet hatte, was wichtig war. Er öffnete es und las: Haben die Ameisen einen Gehörsinn? Etwas von Forel nachlesen. Wer war Arsinoe? Birke und Haselstrauch Goethes Metamorphose der Pflanzen.

»In welchem Leben bin ich damals gewesen?« fragte er sich und legte das Heft hin. Dann faßte er nach dem Hörer des Tischtelephons.

Das gute Ruhekissen

Wie nun der alte Doktor Dieterici so weit war, daß es langsam ans Sterben ging, da raffte er sich noch einmal auf aus seinem Lehnstuhl und kroch zum Bücherspinde hin. Dort standen dicht und bunt in Reihen die Bücher, die er lieb gehabt hatte, und die Bücher, die er gebraucht hatte für die Tätigkeiten des Lebens. Weiße Bände in Schweinsleder; in Franzbänden die Schriften der Römer; alte mantuanische Schäferspiele, die er einmal gesammelt hatte; der Homer. Dazwischen Wörterbücher, zerlesene Reclamhefte, Baedekers von der Reisezeit. Ein ganzes Leben, wie man es so lebt, heute so, morgen so, ohne Ordnung.

Der alte Doktor Dieterici sah sich diese Bücher noch einmal an in der Stille und seufzte. Dann rief er seine Wirtschafterin, die Marie, und wie sie gekommen war, nahm er ein Buch aus dem Spind und zeigte es ihr. Es war die Odyssee des griechischen Dichters Homer in einer einfachen Schulausgabe.

»Liebe Marie«, sagte der alte Doktor Dieterici, »wenn ich nun in drei Tagen gestorben sein werde, dann müssen Sie mir einen Dienst tun. Sie werden mir dieses Buch hier unter den Kopf legen und es mir so mit ins Grab geben. Ich glaube, daß ich die lange Nacht ruhig durchschlafen werde, wenn ich dieses Buch als Kopfkissen habe. Geben Sie mir die Hand darauf und vergessen Sie es nicht.«

Die Wirtschafterin gab ihm die Hand darauf und weinte sehr. Und sagte, soweit sei es noch gar nicht und vom Sterben keine Rede. Der alte Rat Heydebringk, der unten im zweiten Stock, sei noch viel kränker gewesen und habe sich doch auch noch einmal herausgerappelt.

Drei Tage später starb der alte Doktor Dieterici wirklich. Und als er sauber auf sein Lager gebettet war, erinnerte sich die Wirtschafterin Marie an ihr Versprechen und ging, das Buch zu holen, ohne das ihr Herr nicht ruhig schlafen könnte. Aber sie vergriff sich und nahm nicht die Odyssee, sondern die daneben stehenden zweite Auflage von Brauchitschs Ausgabe des Gewerbeunfallversicherungsgesetzes. Die holte sie hervor und steckte sie ihrem Herrn unter den Kopf als Ruhekissen.

Die Freunde kamen, um von dem Toten Abschied zu nehmen. Da sahen sie, daß sein Kopf auf einem Buche ruhte, und bückten sich, um zu sehen, was das für ein Buch sein möge. Und als sie sahen, daß es die zweite Auflage von

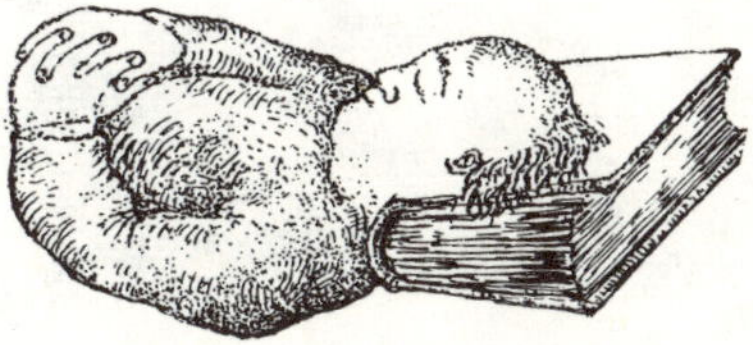

Brauchitschs Gewerbeunfallversicherungsgesetz war, da erstaunten sie auf das äußerste und stellten die Wirtschafterin Marie zur Rede wegen dieses Unfugs. Die aber wehrte sich heftig und rief, sie werde an das Buch nicht rühren lassen und niemand dürfte es wegnehmen; denn ihr Herr habe es so gewollt, um ruhig schlafen zu können. Da wunderten sich die Freunde noch mehr und kamen überein, daß solch einsame Junggesellen die merkwürdigsten Einfälle und Gedanken haben könnten.

So wurde der alte Doktor Dieterici nicht mit der Odyssee begraben, auf der er ausruhen und von dem ewigen Meeressingen träumen wollte, sondern mit der zweiten Auflage von Brauchitschs Gewerbeunfallversicherungsgesetz.

Es ist aber anzunehmen, daß er auch so ganz ruhig und ohne irgendwelche Beschwerde seinen guten Schlaf gefunden hat.

Remember

In unserem Vorort ist vor kurzer Zeit jene Anstalt eröffnet worden, in der die Bürger, vorausgesetzt daß sie tot sind, sich verbrennen lassen können. Da die Sprachreiniger für ein solches Gebäude bis jetzt keine passende deutsche Benennung gefunden haben, müssen wir so etwas vorläufig mit dem schönen römischen Wort Krematorium bezeichnen.

Das Krematorium ist ein eleganter Bau mit Gesimsen und Pilastern und mit einer schlanken Kuppel, die hübsch poliert ist, damit es ein bißchen freundlich aussieht. Ganz oben befindet sich dann die bewußte Öffnung.

Praktischerweise hat man dieses Etablissement mitten zwischen die neuen Stadtviertel gesetzt, so daß es von tausend Fenstern aus bequem betrachtet werden kann. Dort trägt das Krematorium nicht wenig zur Belebung des städtischen Bildes bei und zur Unterhaltung der Bürger. Besonders des Nachmittags, was in dem

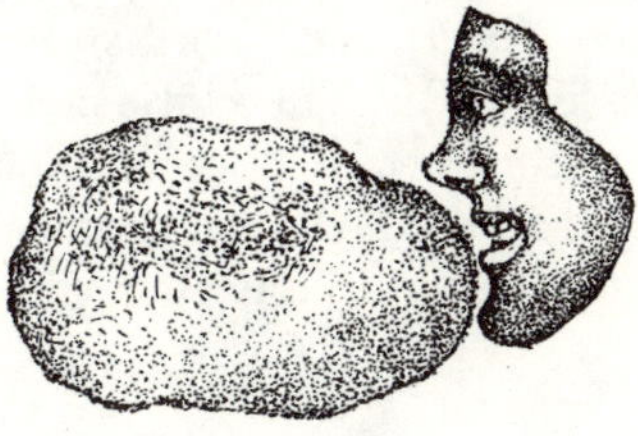

Krematorium die Zeit des stärksten Andranges ist, spricht man bei uns von nichts anderem. Dann sitzen wir in den Fenstern und warten, bis die Wolke aufsteigt. Die bewußte Wolke.

Manchmal ist es eine ganz gewaltige braune Fettwolke, die gar nicht aufhören will, und das war dann ein Generaldirektor, ein Mitglied von zahlreichen Aufsichtsräten, mit nützlichen Beziehungen und den vielfältigsten Geschäften bis nach dem Ausland hin.

Oder aber es steigt ein dünnes silberweißes Wölkchen auf, leuchtet in der Sonne und ist schnell im Winde zerstoben, und das ist ein Zeichen, daß sie da drinnen einen Mann von minderem Gewicht verbrannt haben, einen Literaten, einen Maler oder vielleicht sogar einen Feuilletonisten. Wenn ich einmal durch jene Öffnung aufsteige, werde ich so aussehen und noch die letzte Gelegenheit benutzen, mich meinen Mitbürgern so silbern wie möglich vorzuführen.

Aber ob nun braun oder weiß, ob fettig oder zart, der Rauch fliegt weit über die Wohnstätten der Menschen hinweg und verbreitet sich auf dem nahen Sportplatz. Dort steht der Turnlehrer mit seiner Riege und läßt sie Freiübungen machen. »Achtung«, ruft der Turnlehrer, »Arme in die Seiten gestemmt! Tief Atem holen! So, das bringt neues Leben in das Blut!«

Pflücke den Tag

In dem Augenblick, da ich in die kleine Stadt einmarschiere, kommt mir ein Leichenzug entgegen.

Der Verstorbene war offenbar ein Mann, der keine Familie hatte, denn man sieht weder Frauen noch Kinder im Trauerzug; aber er ist ein beliebtes Vereinsmitglied gewesen, und der ganze Verein folgt dem Sarge zu Fuß nach; in langen schwarzen Röcken und Zylindern. An der Spitze des Zuges, zwischen dem ersten Vorsitzenden und dem Ehrenpräsidenten, schreitet der Herr Pastor im Talar.

Der Herr Pastor ist ein großer, ernstblickender Mann, der einen Kneifer trägt und im linken Unterkiefer einen furchtbaren Schmiß hat, eine erstklassige Tiefquart.

Er hat in seiner Jugend Mensuren ausgefochten, ist also kein guter Christ; aber er hat sich diese kolossale Tiefquart schlagen lassen, ist also auch kein guter Fechter. Und beides gleicht sich aus und stimmt versöhnlich.

Außerdem soll man nicht alles so genau nehmen; er wird sicher jetzt eine ergreifende Rede halten mit vielen Sprüchen aus dem Johannes-Evangelium.

Abends verlasse ich die kleine Stadt im Zug, und da will es der Zufall, daß einige der leidtragenden Herren mit mir fahren. Jeder hat, wie es sich gehört, einen sitzen; außerdem trägt jeder von ihnen ein großes Marktnetz in der Hand, ganz voll mit Steinpilzen.

Denn gerade heute, am Tag des Begräbnisses, war in der Stadt Markt, und da haben sie die gute Gelegenheit benutzt und der Gattin etwas eingekauft. Als sie im Trauerzug schritten, hatte jeder schon das leere Marktnetz in der hinteren Rocktasche.

Herrgott, ist das ein Steinpilzjahr dieses Jahr; wegen des vielen Regens und der schwülen Hitze dazwischen.

Und deshalb, liebe Freunde, lassen wir doch die ewige Schikaniererei, und lassen wir jeden tun, was ihm Spaß macht. Wie lange dauert's noch, da kommt der Mann im Talar und mit den Sprüchen aus dem Johannes-Evangelium.

Meine acht Seligkeiten

1. Muscheln sammeln am Meeresstrande.

2. Am Kamin sitzen, abends, und den griechischen Plato lesen, ohne im Lexikon nachschlagen zu müssen.

3. Nachts zu Schiff von der See aus die Blinkfeuer einer fremden Küste zu sehen.

4. Ein kleines Kätzchen, das ein Rüpel in den Rhein warf, retten und am nächsten Tage sehen, daß es bei den Gärtnersleuten gut aufgehoben ist.

5. Einen starken Sommerdurst mit einer großen Kristallschale voll Champagnerwein stillen.

6. Oktobertag in Chartres in der Landschaft Beauce, wo es die schönste Kirche und die besten Rebhuhnpasteten gibt.

7. Und dann das Höchste …………

8. Aber leider auch: ……………

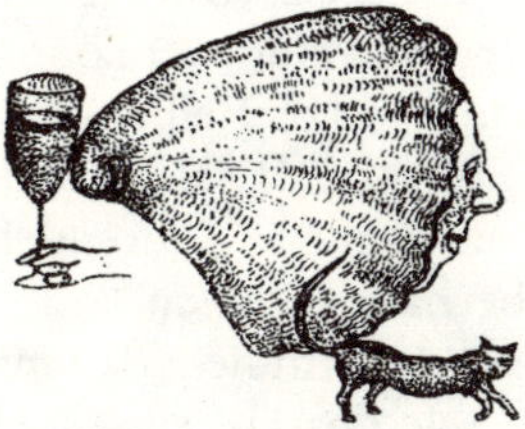

Vom Menschen zum Seestern

Während all dieser schwierigen Tage habe ich immer an einen Essay Emersons denken müssen, den ich vor langer Zeit einmal gelesen haben muß.

In diesem Essay behandelt der amerikanische Schriftsteller die Erscheinung, daß die ganze Welt in Ja und Nein gespalten sei und daß sich überall ein Gegensatz zwischen zwei – und nicht mehr – Stellungen erkennen lasse. Mann und Weib, groß und klein, gut und böse, dieser Zwiespalt gehe durch den Tatbestand aller moralischen und wirklichen Dinge.

Die Sache liegt nun so, daß diese Behauptung Emersons gänzlich falsch ist, ja, ich würde mir erlauben, sie als einen Unsinn zu bezeichnen, wenn ein solches Wort einem so anerkannten Autor gegenüber am Platze wäre. Gut und böse sind kein Gegensatz, sie sind nur zwei verschiedene Nummern einer langen Liste von Möglichkeiten. Und wer so oberflächlich denken wollte wie Herr Emerson, der könnte als Gegensätze noch eine ganze Reihe von Paaren anführen, wie: Pfeffer und Salz; Butter und Käse; Hund und Katze; meine Tante, deine Tante.

Es gibt überhaupt keinen Gegensatz in der Welt, sondern die Natur liegt da, unschuldig und mannigfaltig, wie der Herr sie schuf; und daß eine Scheidung in Ja und Nein unmöglich ist, erkennt man schon aus der Erfahrung, daß keine der großen Fragen der Philosophie oder Naturwissenschaft mit einem einfachen Ja oder Nein beantwortet werden kann.

Wissen Sie aber, geschätzter Leser, woher es kommt, daß wir in der Welt immer nur den Gegensatz von zwei Sachen sehen wie jener Emerson, und nie von mehr? Mich will bedünken, als komme das daher, daß der Mensch in seinem Körperbau ein bilaterales, ein zweiseitiges Tier ist, wie alle höheren Lebewesen, die Affen, Kaninchen, Frösche und so weiter. Alle diese Geschöpfe haben eine rechte Hand und eine linke, die Nase vorn und den Steiß hinten, deshalb hat für sie jedes Ding zwei Seiten, deshalb ist das Recht der Menschen irrtümlicher- und gefährlicherweise auf Ja und Nein gestellt.

Aber nun gibt es Wesen, die nicht nur zwei, sondern mehr Seiten haben, weil ihr Körper strahlenförmig angeordnet ist, so die Quallen,

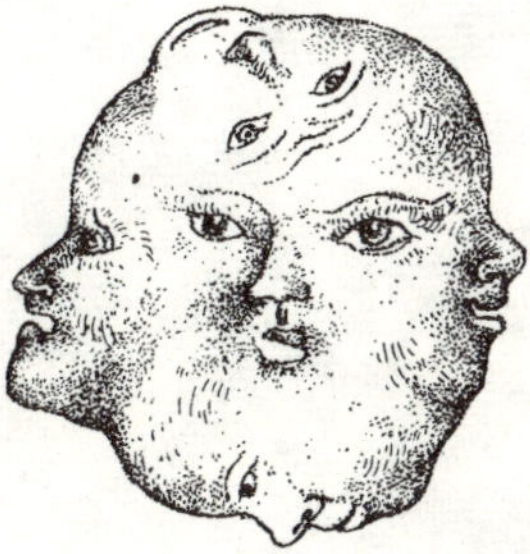

Seesterne, Polypen. Ja, auf Helgoland habe ich einmal einen vertrockneten Seestern gekauft, der geschlagene fünfundzwanzig Strahlen hatte. Für diesen Seestern hat, solange er lebte, jedes Ding nicht zwei, sondern fünfundzwanzig Seiten gehabt, und er hat nie ja oder nein gesagt, sondern die Liste hindurch: vielleicht, man könnte meinen, wahrscheinlich, möglich, freilich ...

Auch unter den Menschen kommen vereinzelte Exemplare vor, die eine vielstrahlige Seele haben, die eine flimmernde Glorie von Wahrheiten rings um sich sehen, die Ja und Nein nicht verstehen und deshalb nie einen festen Entschluß fassen können.

Solche Menschen bringen es nicht weit; aber sie haben viel vom Leben – und sie sind unterhaltend.

Nachwort

Am Straßenrand: Victor Auburtin

Es beginnt schon damit, daß einer nicht recht weiß, wie er diesen Namen aussprechen soll. Obertäng? Oder dreisilbig deutsch, wie er geschrieben steht? Gedruckt erscheint er ohnehin meist verkehrt als Aubertin – ist es gut, daß Victor Auburtin das nicht mehr erlebt? Er war ein vornehmer, hochgebildeter Mann, wenn man darunter nichts Abfälliges versteht. In seinen Sätzen gibt es Fremdwörter, die zu seiner Zeit keine waren. In seinen Worten gibt es Wahrheiten, die erst seine Nachwelt recht genießt.

Er kommt nicht aus einer Hugenottenfamilie. Großvater Auburtin, Pastetenbäcker, wanderte um 1830 aus Frankreich nach Berlin, wo er am preußischen Hof als Küchenmeister lebte und eine Frau aus Sachsen heiratete. Ihr ältester Sohn wurde Kaufmann, Schauspieler und Journalist und heiratete eine Schauspielerin, die aus einer deutsch-tschechischen Familie stammte. Am 5. September 1870 wurde ihnen ein Sohn geboren, den sie Victor nannten, weil an diesem Tage der kriegsentscheidende Sieg von Sedan gefeiert wurde, der Sieg über die Franzosen.

Die spärlichen Informationen über Auburtins erste vier Jahrzehnte lassen durchblicken, daß bis dahin »nichts Rechtes« aus ihm geworden war, vom Doktorgrad der Philosophie abgesehen; er hatte sich als Schauspieler und Reisebegleiter umgetan und für Zeitungen zu schreiben begonnen. Frühe Arbeiten stehen in der »Jugend« und im »Simplicissimus« – einige umfangreichere Texte dieser Auswahl stammen von dort und wurden seither nicht wieder veröffentlicht.

Mit 41 Jahren wurde Auburtin festangestellter Redakteur am »Berliner Tageblatt«, dessen Chefredakteur Theodor Wolff rückblickend schrieb: »Im April des Jahres 1911 holte ich ihn, aufmerksam geworden auf die Eigenart seiner Begabung.« Aufmerksam wurde auch ein Lesepublikum, das sich an Auburtins Gedankengängen und Formulierungen freute, der bald Pariser Korrespondent seiner Zeitung wurde. Beim Kriegsausbruch festgenommen, beinahe als Spion hingerichtet – wie das um ein Haar einen deutsch-französischen Krieg früher Theodor Fontane passiert wäre, der auch so einen verdächtig französischen Namen trug –, schließlich auf Korsika interniert und als Schwerkranker 1917 in die Schweiz ausgetauscht. Nach Berlin zurückgekehrt, entwikkelte er seit Februar 1921 jene kurzen Feuilletons, die bald einen Stammplatz im »Berliner Tageblatt« bekamen. Manchmal stand dort jeden dritten Tag etwas von ihm, und viele lasen diese Zeitung seinetwegen.

In den sieben Jahren bis zu seinem Tode am

28. Juni 1928 machte Auburtin seine Traumreise nach Delphi (1924), war zwei Jahre Korrespondent in Madrid und zuletzt in Rom. In dieser kurzen Zeitspanne schrieb er sein Hauptwerk, das aus vielen hundert Einzelstücken, ja Abschnitten und Absätzen besteht, die zwar zum Teil in Büchern gesammelt sind, im Grunde aber vom Leser selber aufgesucht und geordnet werden müssen, eine heute kaum lösbare Aufgabe, denn die Auflagen seiner wenigen Bücher waren gering, die Zeitungsseiten sind verloren. Ein zerflattertes Erbe.

Das hat den Vorteil, der ein Nachteil ist, daß sich jeder einen anderen Auburtin zu bauen vermag und herauslesen kann. Das spiegeln auch die acht Auswahlbände wider, die seither von anderen aus Auburtins Werk zusammengestellt worden sind. Daher muß der gescheite Leser, ehe er zu begeistert oder zu ablehnend wird, dem Autor Auburtin die Chance geben, das Gegenteil anzubieten.

Deshalb, und wer weiß aus was für Gründen, die ich erst später merken werde, ist diese Auswahl nach dem Prinzip der ausgewählten Wahllosigkeit entstanden. Enthalten sind etliche Stücklein von Victor Auburtin, die ich für zeitlos-klassisch halte. Dann solche, die unverdient nach kurzem Aufblitzen längst im Zeitungsfriedhof ruhen, zu sanft, denn sie offenbaren manchen Satz, der uns nicht angenehm sein wird, falls wir zu selbstzufrieden sind. Dann war ein unbekannter Auburtin zu zeigen mit »neuen« Arbeiten. Er kommt nämlich zuweilen, wie in »Mörderchen«, in den längeren Geschichten an Poe heran, an manchen anderen, den die Literaturwissenschaftler jubelnd nennen könnten, wenn sie sich mit dem Werk Auburtins beschäftigen würden, um seine Theorie vom »Nichtüberleben« des Feuilletonisten zu entkräften. Schließlich sollten hier Texte geboten werden, die nicht in meiner ersten Auburtin-Auswahl »Sündenfälle«, die 1970 zu seinem 100. Geburtstag erschien, enthalten sind. Eine dritte werde ich nicht machen ... oder?

Die Mischung ist weder chronologisch noch thematisch, sondern so bunt, wie einer ihn vielleicht lesen möchte. Abends im Bett oder im selbstgeschaffenen Raumanzug inmitten lärmender Umwelt, oder mit den Füßen auf dem Tisch, oder einem lieben Menschen vorlesend, oder einem wildfremden, oder einfach so zum Blättern; ein Buch, das man irgendwo aufschlägt und ein paar Seiten liest.

Ich bin den Feuilletons von Victor Auburtin in einem günstigen Moment begegnet. Irgendwann, unbewußt, als zeitungslesender Junge, und später dann, als ich im Auftrag selber Feuilletons produzieren und produzieren lassen sollte, ohne zu wissen, was das ist: Feuilleton. Auburtin half: »Ein Feuilletonist ist ein Mann, der sich mit vielen Sachen – nicht nur mit einer – beschäftigt, der kurz schreibt oder spricht. All das ist den Deutschen sehr verdächtig und wird deshalb mit dem unerfreulichen Fremdwort Feuilletonismus bezeichnet; das übrigens gar kein rechtes Wort ist, denn bei den Franzosen selbst ist es ziemlich ungebräuchlich. – Eine ernste Sache unterhaltend und in guten Formen darzustellen, das ist es, was man Feuilletonismus nennt; das ist es, was ein strebsamer Schriftsteller und Politiker in erster Linie und auf das sorgfältigste zu vermeiden hat.«

Damals, in den Jahren 1957 bis 1960, wurde mir dieser Mann Vorbild und Lehrer, vor allem auf handwerklichem Gebiet, denn das leicht Lesbare geht nicht leicht von der kopfbeschwerten Hand. Andererseits habe ich ihn, über das Feuilleton theoretisierend, mit der Unverfrorenheit des Beginners am ideologischen Kragen gepackt, ihn in den spätbürgerlichen Sumpf gesteckt und ihm beim Herausziehen vorgehalten, daß er dessen Spuren trug. So macht man das zu wissenschaftlichen Zwecken, und ich bin sehr froh, daß das dem Auburtin nicht geschadet hat. Vor allem habe ich ihm seinerzeit, auch auf Anraten meiner Betreuer, seine durch den verfaulenden, parasitären Charakter seiner Gesellschaftsordnung bedingte Resignation vorgeworfen.

Heute, nachdem ich zwanzig Jahre älter bin, um einige Pfunde schwerer und um einige Illusionen leichter, habe ich die Bücher Auburtins wegen dieses Buches wieder genau gelesen –

manches in ihnen wirkte funkelnagelneu und wie bisher entgangen –, auf einmal scheint mir Auburtins Resignation erklärlich. Was hat er denn erleben müssen in seiner Zeit, der er nicht davonlaufen konnte? Da ist das persönliche Schicksal: Die kinderlose Ehe mit einer sehr schönen Berliner Verkäuferin zerbricht, weil die Frau unheilbar geisteskrank in eine Anstalt muß. Auburtin, der 1914 in Paris seine Wohnung mit allen Sammlungen, Büchern und Manuskripten einbüßte, lebte von da an ruhelos; seine Reisen und die fortdauernd gesuchte Auslandstätigkeit sind eine Art Emigration vor den Verhältnissen in Deutschland, vor denen er resignierte, weil er spürte, daß er sie nicht ändern konnte. Daß er weder auf politischem noch auf kulturellem Gebiet Hoffnungen in die Arbeiterklasse setzte, ist tragisch für beide Seiten, weil sie einander nicht gesehen haben, die einen auf der Straße und der Mann am Straßenrand.

Mit Absicht sind in dieses Buch Sätze aufgenommen, die bestimmten Lesern mehr als das gern zitierte, ungern erfahrene Stirnrunzeln entlocken müßten. All die auburtinische Skepsis, die oft genug auf Unbelesenheit beruht, auf politischer Unbildung, wird jedoch von einem desto gewichtigeren Bekenntnis übertönt, beachtlicherweise vor dem ersten Weltkrieg ausgesprochen: »Ich glaube an das Kommen friedlicher Demokratien, immenser, geeinter Arbeiterschaften, die das Höchste wollen und das Höchste erreichen werden.« Auf technisch-wirtschaftlichem Gebiet, und was die Gerechtigkeit angeht, traute er ihnen alles zu. Nur für das Gebiet der Kunst äußerte er größte Zweifel. Wie vor ihm Heinrich Heine. Also liegt es an uns, ihn nachträglich eines Besseren zu belehren.

Den 1. Mai 1923 erlebt Auburtin zufällig in Wien, demonstriert sogar eine Viertelstunde bei den Freidenkern mit und schreibt später sehr ernst und aufrichtig: »Brüder, ich wünsche euch von ganzem Herzen Glück. Und wenn ihr in eurem neuen Staatswesen ebenso schöne Dinge schafft, wie die Leute in dem alten Staatswesen geschaffen haben, solche heiteren lichten Belvederen, solche Rasenflächen weit und beruhigend, wenn euch das zu schaffen gelingt, so sollt ihr gesegnet sein; denn dann sind wir ja alle einer Meinung.«

Zu den von mir mißverstandenen Sätzen Auburtins gehört der Stoßseufzer: »Wir armen Feuilletonisten überleben uns nicht.« Das wollte mir nie einleuchten, weil ich die Schuld daran der gleichgültigen Mit- und Nachwelt gab statt dem jeweiligen Verfasser. Denn der ist anzuleuchten, auszulesen und zu prüfen, wie das Auburtin an Ort und Standpunkt im Wiener Volksgarten mit Peter Altenberg tat, der zwanzig Jahre zuvor diese Parkanlage und die dort auftauchenden frühreifen Mädchenbeine berühmt gemacht hatte; aber „ach, man kann ihn nicht mehr vertragen. Alles ist kraftlos; die berühmte lässige Grazie ist Weitschweifigkeit geworden, und was uns damals als unmittelbares Fließen eines Lebens erschien, das sieht jetzt verdammt nach Affektation aus.« Und wenn wir Auburtin auf gleiche Weise kritisch lesen?

Eines der Geheimnisse des Feuilletons ist seine Lebenskraft als Genre, die auf die lebenspendende, zeitbezogene Zeitungsnähe zurückzuführen ist. Wer gedruckt sein will, muß lebendig schreiben. (Das ist ein Gesetz, aber wer setzt es unnachsichtig durch?) Die Zeitung als Geburtsort der Betrachtung über das Leben ist meist auch deren Grab, denn anderntags wird neue Ware benötigt, neues Lächeln, neue Erschütterung. Die Pflicht, sich an den eiligen Tagesleser zu wenden, wird zum Vorzug; aus alten Feuilletons erfahren wir Details, die weder im Geschichtsbuch noch in den Romanen und Gedichten jener Tage stehen.

Am Straßenrand steht bescheiden, mit sehr wachen Augen, solch ein Auburtin. Einmal – er hat als Spanienkorrespondent auch das benachbarte Portugal mitzubearbeiten – beschreibt er das Verhalten eines Putschgenerals. Der wagte sich nur unter militärischem Schutz in seine Hauptstadt; und als er dort die wartende Bevölkerung erblickte, wie unheimlich, »da ist der General einfach umgekehrt«. Für diesen Augenzeugenbericht sollte Victor

Auburtin als lügenverbreitender Korrespondent ausgewiesen werden. Er war nicht im Gefolge mitgefahren, war also nicht vom Pressereferenten über die gewünschte Wahrheit informiert, sondern hatte wieder einmal lieber alles auf seine Art miterlebt, am Straßenrand.

»Bescheiden steht am Straßenrand«, so beginnt ein Absatz in einem Feuilleton aus dem Frühjahr 1922, »der Intellektuelle und wird mit Kot bespritzt. Er wird bespritzt durch den Mercedeswagen, in dem der Butterfälscher prachtvoll zur Oper fährt.«

Heinz Knobloch
Berlin, Ende 1977

Quellen

Die goldene Kette und anderes (1907)
Die Kunst stirbt (1911)
Die Onyxschale (1911)
Was ich in Frankreich erlebte (1918)
Pfauenfedern (1921)
Ein Glas mit Goldfischen (1922)
Nach Delphi (1924)
Einer bläst die Hirtenflöte (1928)
Kristalle und Kiesel (1930)
»Simplicissimus« (1906–1913)
»Berliner Tageblatt« (1911–1928)

Inhalt

ISBN 3-359-00109-5

3. Auflage

Lizenz-Nr.: 540/115/87 · LSV 7102
Einbandgestaltung: Peter Laube/Horst Wolff
Printed in the German Democratic Republic
Lichtsatz: INTERDRUCK Graphischer Großbetrieb
Leipzig – III/18/97
Druck: Grafischer Großbetrieb Völkerfreundschaft
Dresden
6204949

00780